誰も教えなかった
スーパー ゴルフ独習術
「基本篇」

監修者の言葉

ゴルフは死んでいる（止まっている）ボールを自分で生かすゲームです。なおかつ常に定められたポジション（場所＝目標）に向かって飛ばしてやらなければなりません。一見、きれいなフォームをしていても、打つたびにクラブヘッドの軌道が違ったり、クラブフェースが正しく目標を向いていなかったら、常に同じところに打つことはできません。狙ったところへ正確に飛ばすスイングを会得し、それをいかに繰り返すかの反復競技、それがゴルフです。

したがって、ゴルフは練習でただ球数を打てばいいというものではありません。毎日、何百球と好きなだけ打てる人は別として、会社に勤めている人はもちろん、働きながらゴルフを楽しんでいる一般アマチュアの人たちは練習量はそう多くないと思います。少ない練習量で最大限の成果を挙げるには、わけもなく球を打つのではなく、理にかなったスイングの方法を学び、それにのっとって練習することが大切です。

筆者の菅野さんはベテランのゴルフライターで、40年にわたってトッププロの取材を続けてこられた方です。辛口の評論家としても知られていますが、それ以上にスイングについて語らせたらプロも驚くほどの知識を持っています。すでに故人になられた宮本留吉プロをはじめ現在活躍している日本の代表的なプレーヤーの技術はすべてインプットされています。

それらの貴重な取材をもとにまとめられた『誰も教えなかったスーパーゴルフ独習術』「基本篇」は、練習量のあまり多くないアマチュアゴルファーに必読の独習書といっていいでしょう。

プロゴルファー　金井清一

はじめに――本書の読まれ方

菅野徳雄

ゴルフは、ターゲット・ゲームです。止まっているボールを狙いどおりの場所に飛ばすためには、軌道のこと、ボールとフェースの関係、スイングの仕組みなど、ある一定の理論があります。

野球にたとえれば、センター方向に正確にボールを飛ばすのがゴルフですが、そのためには、クラブの軌道が一定の円を描く円運動の中で、クラブのフェースがボールに対して直角にヒットしなければなりません。

この理論を理解せずに、我流でただやみくもに練習しても、ゴルフは上達するどころかかえって下手になることもあります。

本書『誰も教えなかったスーパーゴルフ独習術』「基本篇」は、「ここを知っていれば」というゴルフの合理的で理にかなった練習法を108項目提示しています。

まず、実際にやってみて、それから本書を読んでみる、ということを繰り返し、体が覚えるまで練習してみてください。ゴルフには実は自然な体の動きというものはありません。理論を頭が理解しても、そのとおりに体が動くようになるためには練習しかないのです。

練習場では、打席も常に決めておくぐらい、ターゲットにこだわった練習を積み重ねてください。

本書のイラストレーションは、友人でもある吉田郁也氏が引き受けてくれました。吉田氏は、ゴルフのイラストレーションの第一人者です。私が伝えたい基本的な理論を熟知し、ゴルフにある独特のフォームをさまざまな角度からとらえ、生き生きと表現しています。ゴルフの本質にも迫る一つひとつのイラストレーションは、皆さんの独習の大きな助けになると思います。

ゴルフに偶然やまぐれはありません。必ず原因があって、その結果があるスポーツなのです。いかに正確なショットの確率を高めていくか――が、必要なわけですが、それは練習の積み重ねと実戦の繰り返しによって、はじめて会得できるものです。

ゴルフは独習が可能です。そして正しい知識、つまり基本が不可欠なスポーツです。これからゴルフを始める人、忙しくてなかなか練習に通えない人、いま伸び悩んでいる人、本書が、それぞれのプレーヤーにとって、ゴルフ上達の近道となれば幸いです。

誰も教えなかった
スーパーゴルフ独習術
「基本篇」

Contents

レッスン6 ドライバー 飛んで曲がらない

レッスン7

フェアウエーウッド
フェアウエーから飛ばす ―― 123

レッスン8

アイアン
グリーンをとらえる ―― 135

レッスン9

アプローチ カップに寄せる

レッスン10

バンカー バンカーから一発で出す

レッスン11

パッティング カップに入れる

イラストレーション　吉田郁也
編集制作　パッケージャー
カバーデザイン・本文レイアウト　熊谷智子
デスク　松川邦生

レッスン 1

ゴルフとは何か
ゴルフ
Golf

「ゴルフは概念のスポーツ」といわれます。静止しているボールを目標に向かって正確に打つことができるのは、そこに原理、原則があるからです。そのためには、まずクラブをどういう軌道で振ったらボールはどういう飛び方をするかという、飛行の原則をしっかり理解することが上達のポイントです。

ゴルフはターゲット・ゲーム。目標に向かって、いかにボールを正確に飛ばせるか。

向こうから猛スピードで飛んでくるボールを打ち返してやる野球やテニスと違い、ゴルフのボールは止まっているので、こんな簡単なものはないと最初は誰もが思います。相手（ボール）はじっとしているのだから、クラブヘッドをボールに当てるだけなら確かに簡単です。

しかし、決められた目標に向かって、野球にたとえれば常にセンター方向へ打ってやらないとスコアはよくならないのがゴルフです。レフトやライト方向に打っていたら、スコアをよくする（少なくする）ことはできません。

ゴルフの目的は、ティーからホールまで、できるだけ少ない打数でプレーすること。打った回数がそのホールのスコアで、18ホールのスコアを合計した数が1ラウンドのスコアです。決められた目標に、できるだけ少ない打数で到達しないとスコアをよくすることはできません。

ゴルフはターゲット（目標）・ゲームです。上手なゴルファーはすべてのショットを、漠然とではなく、一定の目標に向かって打とうとしています。グリーンに近づいたときだけでなく、そのホールの最初のショットであるドライバーでさえ、はっきりとした目標に向かってプレーしているのです。

目標を設定し、そこへ向かってボールを正確に打ち落とせるかどうかは、まずクラブをいかに使いこなすかにかかっています。そのためには、まずクラブをどういう軌道で振ったらボールはどういう飛び方をするかを知ることが何より大切です。この飛行の法則がしっかり理解できれば、スイングの仕方もわかってきます。

まず、クラブを知ること。ヘッドの軌道やフェースの向きはボールにどんな影響を与えるのか。

止まっているボールを決められた方向に打つには、クラブがどういう影響をショットに与えるかをまず理解することから始めなければなりません。「ゴルフは概念のスポーツ」といわれているくらいですから、目標に向かってボールを正確に飛ばすための原理、原則を理解し、それに沿って練習することが上達への早道です。

スイングしたときのクラブヘッドの通り道が、クラブヘッドの〝軌道〟です。その軌道によってボールの飛び出す方向は決まります。インサイドとはターゲットラインの内側、アウトサイドとはターゲットラインの外側のことをいいます。

インサイドインとは、クラブヘッドの軌道がターゲットラインに合っているラインです。ヘッドがラインの内側からボールに向かって下りてきて、打った後も内側を通れば、打たれたボールは目標へ向かって飛び出していきます。

インサイドアウトとは、クラブヘッドがターゲットラインの内側からボールに向かって下りてきて、打った後にラインの外側を通ること。打たれたボールは目標の右へ飛び出していきます。

アウトサイドインとは、クラブヘッドがターゲットラインの外側から下りてきて、ボールをヒットした後に内側を通ること。打たれたボールは目標の左へ飛び出していきます。

スイングしてクラブヘッドがボールに当たった瞬間をインパクトといいますが、そのときのクラブフェース（打球面）の向きによっても、ショットの方向は左右されます。

スクエアフェースとは、クラブフェースの向きがクラブヘッドの軌道にスクエア（直角）であること。打たれたボールは真っすぐ飛んでいきます。

オープンフェースとは、フェースがクラブヘッドの軌道に対して開いて、右を向いていること。ボールは右に曲がります。

クローズドフェースとは、フェースがクラブヘッドの軌道に対し閉じて、左を向いていること。ボールは左に曲がります。

クラブヘッドの軌道がよくても、つまりインサイドインの軌道を通っても、フェースが開いて（右を向いて）当たればボールは右に曲がります。同じくフェースが閉じて（左を向いて）当たればボールは左に曲がります。

また、インサイドアウトの軌道で、フェースがスクエアに当たれば、最初にボールは目標の右に飛んでいき、途中から左に曲がり、狙った方向へ戻っていきます。同じく、フェースが開いて当たったときは、ボールは初めから右に向かって飛び出し、目標からどんどん離れていきます。これは、右に押し出す（プッシュ）ミスショットです。逆にインサイドアウトの軌道でフェースが閉じて当たれば、ボールは大きく左に曲がります。

アウトサイドインの軌道でスイングした場合、フェースがスクエアに当たると、ボールは最初右に出て、それからさらに右に曲がり、目標から離れていきます。同じくフェースが開いて当たった場合は、初めから大きく右に曲がります。フェースが閉じて当たった場合は、左に引っかけた（プル）ボールになります。

インパクトの角度やスピードがボールの飛距離と高さを決める。

飛び出すボールの高さは、ボールに対してクラブヘッドがどういう角度で入るかによって決まります。ボールに対してクラブヘッドを振り下ろす角度（入射角）が強すぎるとボールは高く上がり過ぎて、距離はあまり出なくなります。

振り下ろす角度はクラブの長さによっても違ってきます。ドライバーは他のクラブに比べて最もシャフトが長いので、入射角がいちばん緩《ゆる》やかになります。クラブが短くなればなるほど、少しずつ角度が立ってくるわけです。

野球などと違って、ゴルフは地上（地面）にあるボールを打つのですから、クラブを水平に振ることはできません。目標に向けてボールを飛ばす力（ヘッドスピード）を生み出すために、まず、体を右にひねってクラブを後方にスイングし、体を左に巻き戻しながらクラブを振り下ろしてくるわけです。そのとき、後方へ振り上げるスイングをバックスイング、前方へ振り下ろすスイングをダウンスイングあるいはフォワードスイングといいます。振り下ろされたクラブはインパクトの後、再び上方へとスイングされるわけです。

ドライバー（1番ウッド）は、クラブが下り切って、再び上昇しようというところでティーアップされたボールをとらえます。これをアッパーブロー、あるいはアセンディングブロー（上昇打）といっています。

これに対し、アイアンは、クラブヘッドが完全に下り切らないうちにボールをとらえます。これをダウンブローあるいはデセンディングブロー（下降打）といいます。クラブが下り切ったところ、つまりスイング円弧の最下点でインパクトすることを、サイドブローといいます。

クラブヘッドのスピードも重要です。

正しくヒットした場合、インパクト時のクラブヘッドのスピードによって、そのクラブの弾道の高さが決まってきます。ヘッドスピードが速ければ、バックスピンの量も多くなり、ショットは高く上がります。さらに、飛距離を決めるのもインパクト時のヘッドスピードですが、スイングするときはインパクトではなく、フォロースルーでスピードを出すようにしたほうがよいといわれています。

また、クラブフェースのどこでボールをとらえるかによっても、飛距離やボールの高さは違ってきます。〝ここでヒットすればいちばん飛距離が出る〟というところをスイートスポットといいますが、これはクラブフェースのセンターよりややヒール寄りにあります。

レッスン2

クラブを知る

クラブ

Club

ゴルフはクラブに仕事をしてもらうゲームです。世界的なプレーヤーでも、自分に合わないクラブを使ったら約90パーセントのショットが思ったところにいかないというデータがあります。スイングとクラブは車の両輪のようなもの。クラブによって、スイングはよくもなれば悪くもなります。

1

クラブ選びを知ってこそ、ゴルフは上達する。

超大型ヘッドのドライバーは、ライ角度がアップライトなものを選ぶ。

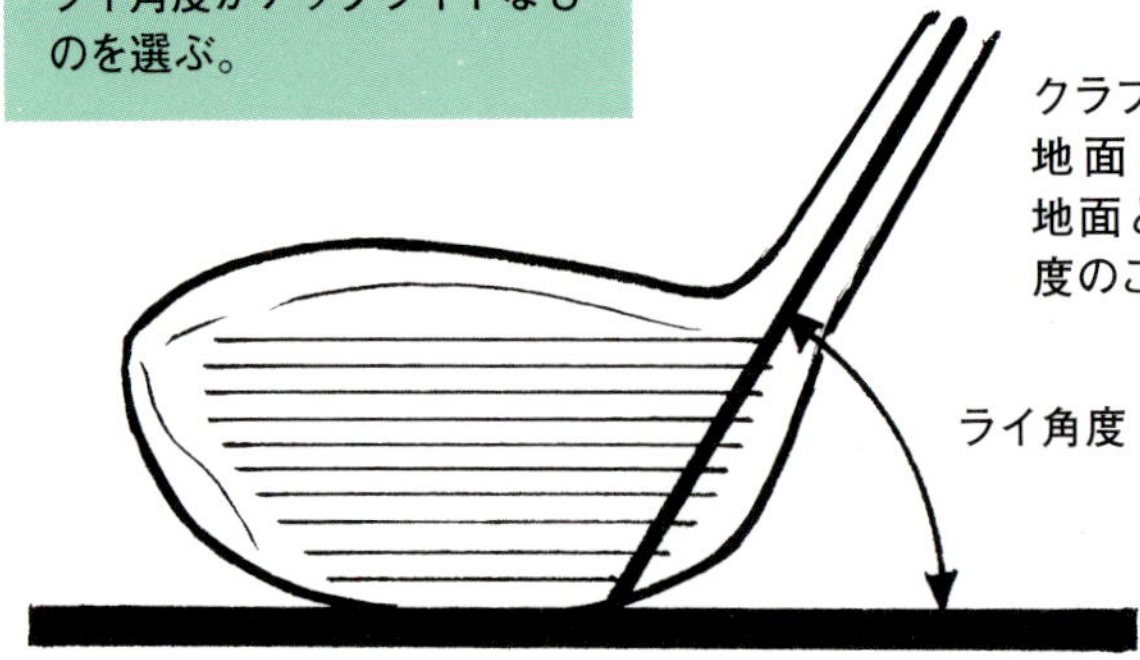

クラブヘッドのソールを地面につけたときの、地面とシャフトとの角度のこと。

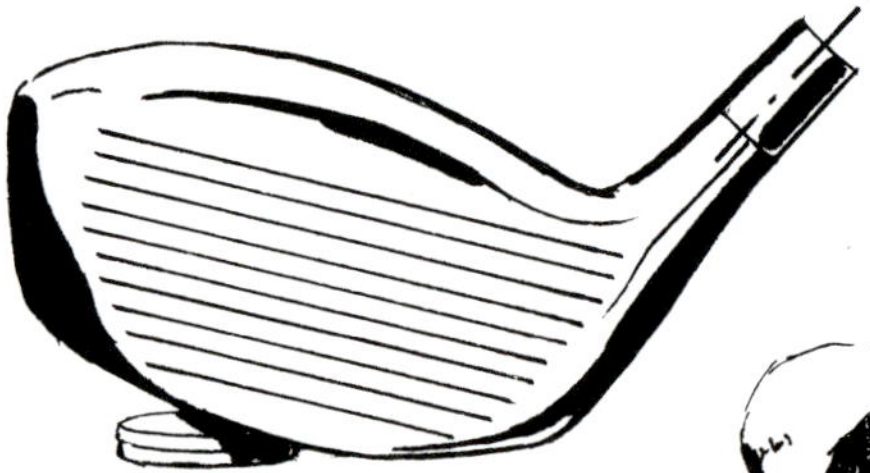

アップライトとは、アドレスしたときに、ソールの中心にコインが２枚（約３ミリ）ぐらい入る状態のこと。

ヘッドが大きくなると、インパクトでヘッドのトウ（先）が下がる「トウダウン現象」が起こり、スライスしやすくなる。

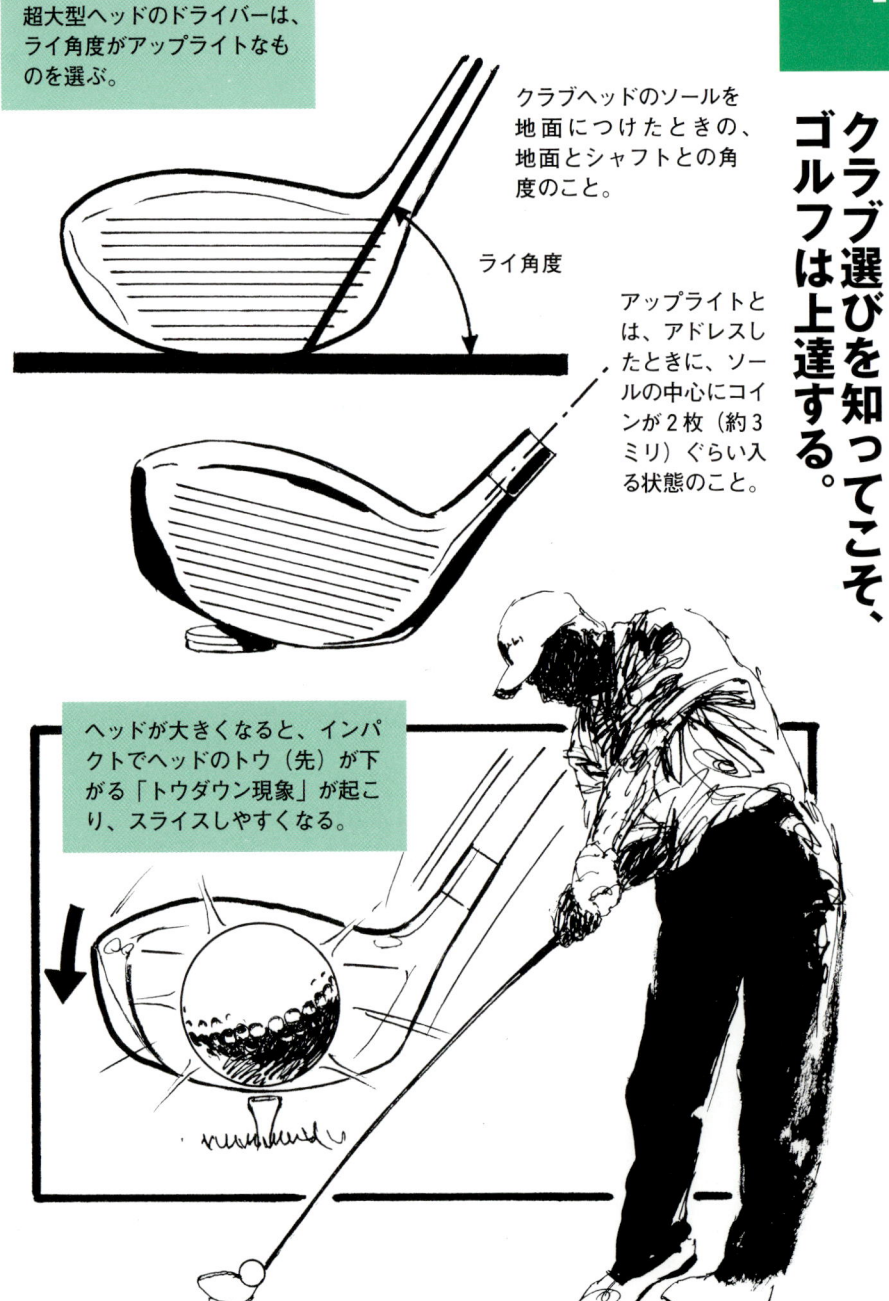

●クラブ選びは、ライ角度がいちばん大事

クラブを選ぶうえで、何がいちばん大事かといったら、ライ角度です。ライ角度とはクラブヘッドのソールを地面につけたときの地面とシャフトとの角度のことです。

これがどうしてそんなに重要なのかというと、シャフトやクラブヘッドがどんなによく適合していても、ライ角度の合わないクラブはまったく使いものにならないからです。ライ角度がフラットなクラブは、前（つま先）下がりの傾斜で打っているのと同じで、どんなにスイングがよくても、ドライバーはすべてスライス（右に曲がる）します。

●フラットなクラブは、スライスする

アイアンのライ角度は、後で修正できるのでまだいいのですが、ウッドは購入してからフラットだとわかっても後の祭りです。フェアウエーウッドはロフトがあるので、フラットなクラブでも何とか使えると思います。しかし、ドライバーだけはどうにもなりません。

合わないドライバーは中古屋にでも売るしかありません。

アドレスしたとき、クラブの底（ソール）が平均して全体が地面につくのがよい、などと書いてあるのを読んだことがありますが、これはとんでもない間違いです。それではフラットすぎて、どんなに熱心に練習してもスライス地獄から抜け出すことはできません。スイングに問題のない人でも、そういうフラットなドライバーを使っていたら、スライサーになってしまいます。

また、フラットなクラブを使っていると、スイングも悪くなります。普通に構えて打つとボールはすべて右に曲がるので、だんだん前傾が深くなり手の構えも低くなっていきます。いわゆるハンドダウンの状態になるので、それで手首を使ってスライスを防ごうとします。体を使わずに手先だけで打とうとするので、おかしなスイングになっていきます。

●腕の短い日本人には、アップライトなクラブ

ドライバーの場合、アドレスしたときソールの中

心にコインが2枚（約3ミリ）ぐらい入るクラブを選ぶべきです。そうすればアドレスしたとき、クラブヘッドのトウ（先）のほうがだいぶ浮くので、かなりアップライトな感じがするはずです。

そのとおりで、かなりアップライトなドライバーでないと腕の短い日本人には合わないのです。欧米人に比べると日本人は平均して4～5センチ腕が短いというデータがあります。

腕の長さとスイングにどういう関係があるかというと、身長が同じでもアドレスしたときの手の位置（地面からの高さ）が違ってきます。構えたときの手の位置は腕の長い欧米人のほうが当然低くなります。

たとえば身長が同じ175センチの日本人とアメリカ人が、同じライ角度が56度のドライバーで構えたとしましょう。アメリカ人のほうが4～5センチ手の位置が低くなるので、ライ角度が56度のドライバーでもトウのほうが浮いて、コインが2枚くらい入るスキ間ができます。

ところが、同じ56度のドライバーで日本人が構えるとトウのほうまでつくので、これではかなりヘッドスピードの速い人でないとうまくボールをつかまえることはできません。プロとか、アマチュアでもパワーのある人でないと、使いこなすのは難しくなります。ごく一般的なアマチュアゴルファーが56度のドライバーを使ったら右に切れるショットが多く出るようになります。

ですから腕の短い日本人にはもっとライ角度のあるアップライトなクラブのほうがよいのです。腕の長さが1センチ違うと、ライ角度は1度違ってくるといわれています。日本で販売されているドライバーはだいたい57～58度くらいのライ角度が多いようです。なかには、60度くらいのかなりアップライトなドライバーを作っているメーカーもあるようですが、実際は日本人にはそれくらいのドライバーが合っています。

●長尺ドライバーは、とくにアップライトなものを

パーシモンヘッドがほとんど姿を消して球離れの早いチタンドライバーの時代になり、なおかつシャ

フトも長くなっているので、昔よりライ角度はアップライトなほうがよいのです。スイングしたとき、シャフトは下向きにもしなり、「トウダウン」現象というのが起こります。インパクトでヘッドのトウ（先）のほうが下がる（ダウン）ので、アドレスした時点よりライ角度は小さくなります。シャフトが長くなればトウダウンの度合いも強くなるので、チタンヘッドの長尺ドライバーは、そういうことも計算に入れてアップライトなドライバーを選ぶべきです。

●素材の軽量化がドライバーを長くした

パーシモンヘッドとスチールシャフトの時代、ドライバーの長さは43インチ半といえばかなり長いほうでした。やがて、炭素繊維で作られたカーボングラファイトシャフトが開発され、ヘッドはメタル（ステンレス）、そしてチタン合金と変わり、軽量化が進んだことによって、ドライバーの長さは今では46インチが当たり前になりました。

●長尺ドライバーは体の捻転でゆっくり

シャフトとヘッドの軽量化によってクラブの総重量が軽くなり、ドライバーの長さを45インチとか46インチというように、長尺にしても振り切れるようになったからです。しかし、これだけシャフトが長くなると、手でボールに当てるだけの、いわゆる手打ちの人には不向きで、体の捻転でゆったりとしたタイミングで最後まで振り切れる人でないと使いこなすのは難しいようです。

軽いから振りやすいとはいっても、シャフトがあまり長いとフェースのセンターでボールをとらえるのは難しく、ミート率は悪くなります。ヘッドが大型化したこともあって、一時よりシャフトがやや短めになり、45インチ以内のドライバーも多くなっているようです。

●長尺ドライバーは女性でも振れる

ただし一般に市販されている女性用のドライバーはシャフトが短すぎます。そもそも身長でクラブを決めるのは間違いです。むしろ逆に背の低い人はスイングがフラットになるので、長めのクラブのほうが合っているのです。しかも、長めのクラブは力を入れずにスイングする人に合っているため、女性でも十分に使えます。女性はゆったりと遠心力でスイングするので44インチとか45インチのドライバーでも振ることができます。

●ワンランク軟らかいシャフトを

オーダーでクラブを作る場合、シャフトの硬さは明示しないことにしているというクラブデザイナーがいます。「あなたにはこれがピッタリ」と言って、本人が希望するシャフトを入れて、硬さは言わずに渡すと、「これはいい、距離もよく出る」と気に入ってくれるそうです。ところが、しばらくしてシャフトの硬さを聞かれ、うっかり「Rシャフト（普通の硬さ）」と答えたとたん、「道理でちょっと軟らかいと思っていた」と言って、硬めのシャフトを使いたがる人が多いというのです。

●硬いシャフトは、スイングを悪くする

硬いシャフトを使いたがるのはどうしてでしょう。硬いシャフトを使っている人のほうが、上手そうに見えるからでしょうか。しかし、背伸びをして硬めのシャフトを使うと力を入れて叩こうとするので、スイングが悪くなります。シャフトの長いドライバーは強く叩こうとしないで、スムーズにスイングして振り切ったほうがよいので、シャフトは軟らかめのほうがよいのです。

●チタンヘッドにはフックの心配はない

パーシモンヘッドと違って、金属製のチタンヘッドはインパクトの球離れが早いので、硬めのシャフトはスライスしやすく、右に押し出すミスも多くなります。しかし、軟らかめのシャフトはよくしなってボールを弾《はじ》いてくれるのでスライスしないで距離も出ます。しかも、球離れの早いチタンドライバーは軟らかめのシャフトでもフックの心配はまずありません。

シャフトが硬くなればシャフト自体が重くなるので、長いクラブは振り切るのが難しくなります。軟らかめのほうがシャフトは軽いので、クラブを長くして力を入れずに振り切ることができます。

S（硬い）と思ったらSR（やや硬い）、SRと

思ったらRというように軟らかめのシャフトにしたほうがショットの曲がりは少なく、間違いなく距離も出ます。シャフト選びに見栄は禁物です。硬いシャフトを使っているからといってホメてくれる人は誰もいません。

●打球面が薄くなると球離れは早い

軽くて強度にすぐれたチタン合金のヘッドが開発されたことで、ドライバーヘッドは大型化の一途をたどっています。今では400ccを超えるものまで登場しています。ヘッドが大きくなればフェース面が広くなるのでセンター（スイートエリア）をはずして打っても方向があまり狂わず、ヘッドを大きくした場合はフェースの肉厚が薄くなるので、トランポリン効果によって飛距離アップにもつながるというのです。ただし、打球面が薄くなって反発係数が高くなれば球離れはさらに早くなります。

●シャフトは45インチ以内に抑える

ただし、ヘッドが大きくなるとヘッドの重心位置がシャフトから離れるのでヘッドが返りにくくなります。そのため400ccぐらいになるとシャフトの長さを45インチ以内に抑える傾向にあります。400ccで45インチ以上の長さではヘッドが返りにくくスライスしやすいので、シャフトを短めにして振り切れるように設計しているわけです。

●大型ヘッドは、フェースが開いて当たりやすい

超大型ヘッドのドライバーはライ角度がアップライトなものを選ぶことが大事です。ヘッドが大きくなると、インパクトでヘッドのトウ（先）のほうが下がるトウダウン現象が強くなるので、フェースが開いて当たり、スライスしやすくなります。ライ角度が60度くらいのドライバーなら、400ccクラスでもスライスの心配はありません。

●ヘッドスピードに合ったロフトのクラブを選ぶ

クラブフェースの傾斜角度をロフトといい、これによってボールの打ち出し角度（高さ）が決まります。ドライバーの標準的なロフトはだいたい10度くらいで、ウッドはクラブの番号が多くなるにしたがって、3度ずつ多くなります。

アイアンは、1番の標準が15度で、以下番号が多くなると4度ずつ増えていきます。プロは8度とか9度といったロフトの立ったドライバーを使っていますが、これを一般のアマチュアが使ってもボールが上がらないので距離は出ません。

ロフトの立ったドライバーはヘッドスピードの出る人でないとボールが上がらないので、もっとロフトのある10度とか11度のほうが距離は出ます。ロフトに関しても見栄は禁物で、ボールを上げやすいクラブのほうがボールは飛びます。

女性ゴルファーは12度くらいのドライバーがよく、女性でも非力な方は13度くらいのほうが、ボールが楽に上がり、ボールは飛びます。

●ロフトがあって厚めのフェース

フェースの厚さもいろいろあります。ロフトが同じ10度でもフェースは薄いほうがボールは上がります。ただし、フェースが薄すぎるとボールは上がるけれど、あまり距離は出ません。かなり薄いフェースで10度のドライバーより、やや厚めのフェースでロフトが11度くらいのほうが距離は出ます。ただし、女性はヘッドスピードがあまり出ないのでフェースは薄めのほうがボールが上がり、距離も出ます。

●フェアウエーウッドは小ぶりで薄いフェース

ドライバーのヘッドはかなり大きくてもいいのですが、フェアウエーウッドは小ぶりでフェースの薄いヘッドを選びます。ティーアップして打つドライバーと違って、フェアウエーウッドは芝の抵抗をできるだけ少なくしたいので、ヘッドの体積は大きくないほうがよく、フェースは薄いほうがボールはよく上がります。

●船底型はライが悪くても打てる

そしてもう一つ、フェアウエーウッドはソールが船底型のものを選ぶこと、これがいちばんのポイントです。芝がよく生え揃っていてボールが浮いているときは、平らなソールでもよいのですが、芝の状態があまりよくないときでも、ソールが船底型になっていればヘッドが振り抜けるのでボールはよく上がります。

レッスン3

クラブを握る
グリップ

Grip

体の回転スピードをクラブヘッドにむだなく伝えるのがグリップ。「クラブは柔らかく持ったほうが、ヘッドスピードが出てよく飛ぶ」といわれても、一般ゴルファーにはなかなか実感できないでしょう。どうしたら柔らかく持てるのか、なぜ飛ぶのか。その具体的な練習の方法を解説します。

2

クラブは指でグリップするほうが、ヘッドスピードが出て、ボールがよく飛ぶ。

体を回転（捻転）し、腕を振ることによって生じるスピードをクラブに伝えるのがグリップです。水道の蛇口が壊れていると水が漏れるのと同じで、**クラブの持ち方（グリップ）が悪いと、体の回転スピードをクラブヘッドにむだなく伝え切ることはできません。**

ゴルフをやったことのない人にクラブを持たせると、野球のバットと同じような握り方をするはずです。しかし、野球のバットと比べると、ゴルフクラブはかなり細いので、バットと同じように手のひらに深く入れ、親指をはずして握ると、スイングしたときに手の中でクラブが動いてしまいます。動かないようにしっかり持とうとすると、手首や腕に力が入るので、クラブヘッドのスピードが出ません。逆に、手の中でクラブが遊ぶほどゆるく握ったのでは、ボールをヒットしたときにクラブフェースの向きが変わってしまい、狙った方向に正確に飛ばすことができません。

クラブは、指でグリップしたほうが、ヘッドスピードが出てボールはよく飛びます。

子どもが箸や鉛筆を初めて持つときは、手のひらを使いますが、やがて指先で持つことになるのはこのためです。

また、**手の大きさ（グローブのサイズ）にグリップ（握りの部分）の太さを合わせるのも大切です。**たとえばグローブのサイズが23の人が25の人と同じクラブを使うと、グリップが太すぎてスムーズにスイングすることができないため、ヘッドスピードがあまり出ず、右に曲がるスライスボールが出るようになります。グリップはやや細めのほうが、ヘッドがよく振れるためスライスしにくく、飛距離も出ます。

3

左肩から垂らした位置でクラブを持つと、指でグリップできる。

力を抜いて肩から左手をだらりと垂らしてみてください。そうすると親指はやや内側を向き手のひらは見えないと思います。

左手を体の前に持ってこないで左肩から垂らした位置で、つまり体の左横で、手を見ないでクラブを握ったらどうなるでしょう。ゴルフをやったことのない人にそのようにしてクラブを持ってもらってみてください。手のひらを上に向けて握る人はまずいません。

肩から垂らした左手をそのままにし、「クラブを指に引っかけるように握ってください」と言うと、左手がややかぶさって、なかなかいいグリップになります。後は親指をクラブのセンターよりやや右側に乗せて持ち、そのまま体の前に持ってくれば左手のグリップはほぼでき上がりです。

ところが体の前に左手を持ってきてグリップすると、なぜかみんな手のひらを上に向け、自分の目で見ながら手のひらにクラブをあてがって握ります。そうすると甲はやや下を向くような感じになるので、左手は開いたグリップになります。ゴルフの専門語ではこれを「ウイーク（弱い）グリップ」といっています。

左手のひらを上に向けないで、むしろやや下に向けるようにしてクラブに上から手で蓋をするようなつもりで握ってみてください。指でグリップできて、左手はややかぶったストロング（強い）グリップになります。このように、左手は肩から垂らしたところ、つまり体の横でグリップしてから、体の前に持ってくるようにするとよいのです。

4

右手は指だけの頼りないグリップのほうがヘッドスピードが出る。

クラブヘッドに近い、いちばん細い部分を右手の人さし指と親指で、両側からシャフトをつまむようにして、そのまますべらせるようにして左手のところまで引き寄せてくる。

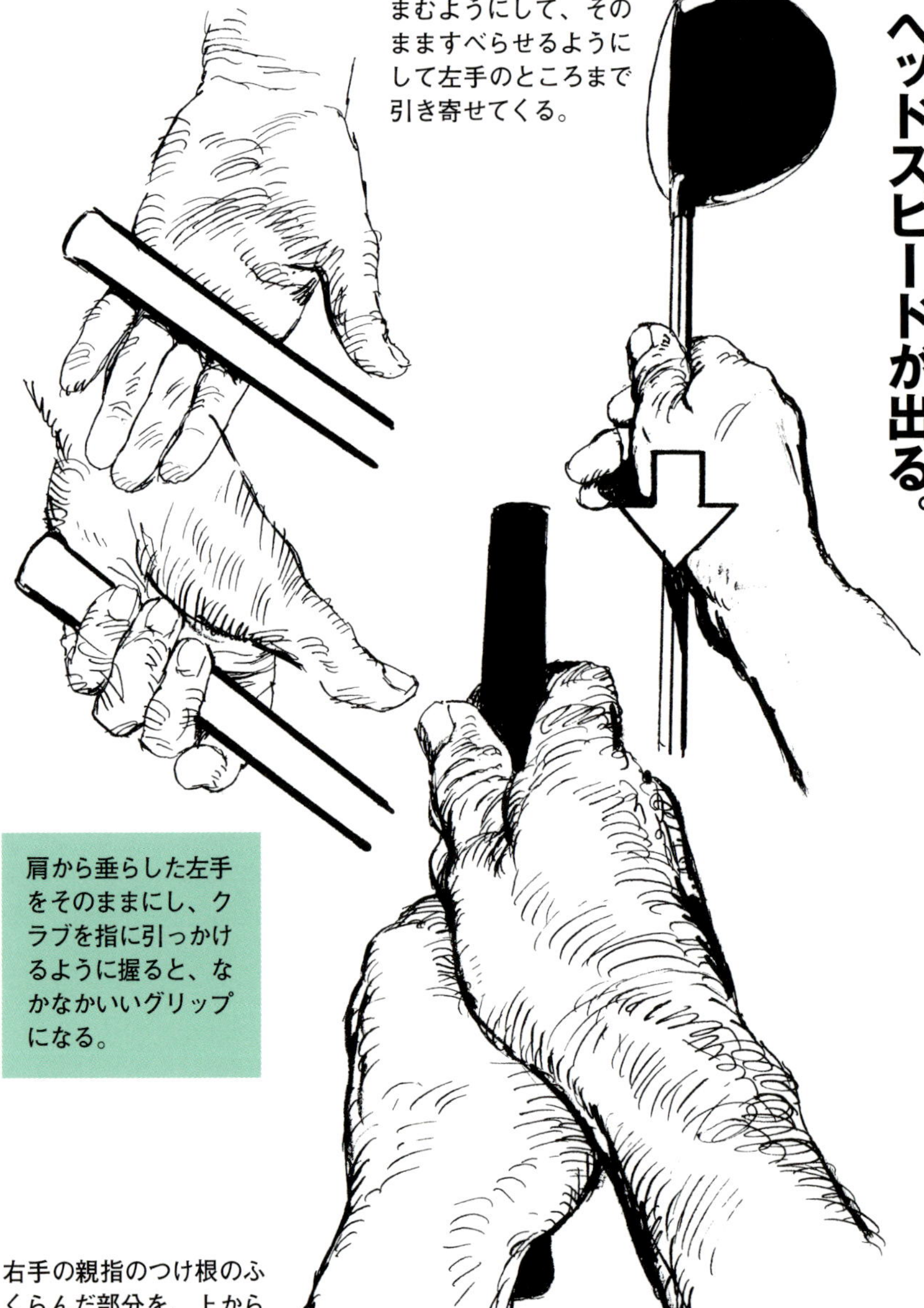

肩から垂らした左手をそのままにし、クラブを指に引っかけるように握ると、なかなかいいグリップになる。

右手の親指のつけ根のふくらんだ部分を、上から左手の親指にかぶせて包み込むようにする。

右手は指だけでグリップします。左手でクラブを持ったら、右手はクラブヘッドに近い、いちばん細い部分を人さし指と親指で両側からシャフトをつまむようにして、そのままシャフトをすべらせるようにして左手のところまで引き寄せてきます。

そうして右手の小指を左手の人さし指と中指の間に乗せ、中指と薬指をシャフトに巻きつけるようにして握ります。右手の親指のつけ根のふくらんだ部分を上から左手の親指にかぶせて包み込むようにしてグリップします。

右手のひらを上に向けて下からクラブにあてがって握ると、指でグリップすることはできません。右手を肩からだらりと下げると、親指がやや内側を向き、手のひらは自分からは見えません。そのまま横からクラブにあてがって指でグリップします。**右手のひらは上に向けずに目標方向、つまり右手のひらはクラブフェースと同じ方向に向けるようにします。**

初めてクラブを持つ人は棒きれを振り回すときのように、右手のひらで持ちたくなると思います。しかし右手のひらで持つと力だけ入って動きがぎくしゃくし、肝心のヘッドスピードを出すことはできません。

右手は指だけでグリップし、頼りないくらいのほうがシャープに振れ、ヘッドスピードがよく出てボールは遠くへ飛んでいきます。

5

クラブの進化が、グリップを変えた。

昔は「左手の甲を目標方向にまっすぐに向け、親指をクラブの真上にのせるスクエアグリップがよい」といわれていました。ところが、**今は世界的なトッププレーヤーの間でも左手をかぶせ気味に握るストロンググリップのほうが多いようです**。

これはどうしてかというと、クラブと深い関係があります。

昔はドライバーのクラブヘッドはパーシモンという木で作られていました。それが金属製（ステンレス）のヘッドにかわり、今はほとんどがチタンヘッドです。ボールを遠くへ飛ばすために反発力の強いヘッドが開発され、シャフトの性能もよくなっています。

それだけボールの弾きがよくなっているのですが、パーシモンヘッドに比べると球離れが早いため、ボールが右に出ていきやすいという性質があります。世界のトッププレーヤーが左手をかぶせ気味のグリップで思い切りスイングしても、今のクラブは球離れが早く、シャフトもしっかりしているので左に曲がる心配が少なくなっているのです。

6

グリップは、左手だけで素振りをしたときの強さがちょうどよい。

ピッチャーがスピードボールを投げるときは、バックスイングでボールが手から落ちるぐらい柔らかく持っているといいます。クラブを持ってスイングするときも、柔らかくグリップしたほうがヘッドスピードが出てボールは遠くへ飛びます。野球のピッチャーがゴルフでもボールがよく飛ぶのはクラブを柔らかく持つという、ヘッドスピードの出し方を知っているからです。

クラブをギュッと強く握って飛ばそうとするのは、車の運転にたとえると、サイドブレーキをかけながら高速道路を走ろうとしているようなものです。力とスピードは反比例するので、強く握って力を入れるとヘッドスピードはかえって遅くなるのです。力を入れて振って大きく曲げてしまい、柔らかく持って振ったら曲がらずによく飛んだという経験は、たいがいのゴルファーが持っていると思います。

右手を離し、左手だけで素振りをしてみてください。両手で持ったときは強く握っている人でも、左手だけで持って力を入れる人はいないと思います。クラブヘッドの重さに引っ張られるような感じになって小指や中指が自然に締まります。練習のときもボールを打つ前に左手だけで素振りをし、両手でスイングするときもそれ以上強く持たないようにすればよいのです。

ボールに向かって構えたら、クラブヘッドを地面から少し浮かし、ヘッドの重さを感じとれるぐらいクラブを柔らかく持つようにしましょう。また、両手で持ってバックスイングし、クラブを振り抜くときは右手を離して左手だけで振ると、右手に力が入らなくなり、スイングのアーク（クラブヘッドの円弧）も大きくなります。

7

グリップエンドは太いので、クラブを振っても抜けない。

グリップの握りの強さはクラブの持ち方によっても違ってきます。手のひらで持つと力が入り、手首も固くなるのでヘッドスピードは逆に遅くなります。指でグリップすると柔らかく持ってもスイングしたときに自然に締まり、手首も柔らかく使えるのでヘッドスピードはよく出ます。

女性ゴルファーには両手にグローブをする人がいますが、本当は左手だけにグローブをし、右手はできるだけ指の感触を出すようにしたほうがよいのです。

ではどうして左手にグローブをするのでしょう。「クラブをしっかり持つため」と思っている人もいるようですが、実は逆です。グローブをすれば柔らかく持ってもグリップが緩《ゆる》まないからです。**力を入れずにクラブを柔らかく持つためにグローブをしているのです。**

クラブの握り方だけでなく握る部分もグリップといいますが、グリップの先端（グリップエンド）のほうが太くなっています。どうしてそうなっているのかというと、左手で軽く持ってスイングしても、クラブが抜けないようにするためです。

左手の小指、薬指、中指の3本の指でとくにしっかり握らなければならないといわれていますが、それはあまり意識する必要はありません。

スイングしたとき、遠心力でクラブヘッドが外に飛び出そうとする力が働きますが、グリップエンドのほうが太くなっているので軽く持ってもクラブが抜けて飛んでいく心配はないのです。たまに練習場でクラブを飛ばしている人がいますが、手のひらで持ったり強く持ったりすると逆に緩んで抜けることがあります。

8

飛ばして曲がらないグリップの強さは、ロングパットでわかる。

プロはここ一番飛ばそうというときは、いつもよりさらに柔らかくグリップします。しかし、「クラブを柔らかく持ったほうがヘッドスピードが出るのでボールはよく飛ぶ」といわれても、なかなか実感できないという人のほうが多いと思います。

「グリップの強さと飛距離の関係はロングパットをやってみればわかる」とプロに教わったことがあります。まず相当強くパターを持って強く打ってみます。そうするとボールは確かに勢いよく出ていきます。ところが思ったほどボールは伸びず、止まってしまいます。

次はパターがぶらぶらするぐらい柔らかく持って力を入れずにゆったりとストロークしてみます。ボールはゆっくり出ていき、すぐに止まりそうに思えるのですが、なかなか止まらずに伸びていきます。強く持って強くヒットしたボールより、遠くまで転がっていくのです。

これはドライバーのスイングにもまったく同じことがいえるのです。ロングパットと同じで、スイングをするときもクラブを強く持って強く叩けば勢いよく飛び出していきます。ところが、思ったほど距離は出ません。

ゆるゆるに柔らかくグリップし、ゆったりとしたタイミングでヘッドをきかせてスイングすると、ボールはゆっくり飛んでいきます。ボールに勢いがあまりないので大して飛ばないように思えるのですが、球はよく伸びて距離が出るから不思議です。

パターを柔らかく持ってロングパットをゆっくりストロークする練習をし、そのグリップの強さとスイングのテンポをドライバーショットにも取り入れてみてください。

9

手首を柔らかく使ってクラブヘッドで円を描く。

手首を柔らかく使う練習。主に指でグリップし、手元を動かさずにヘッドをくるくる回してみる。

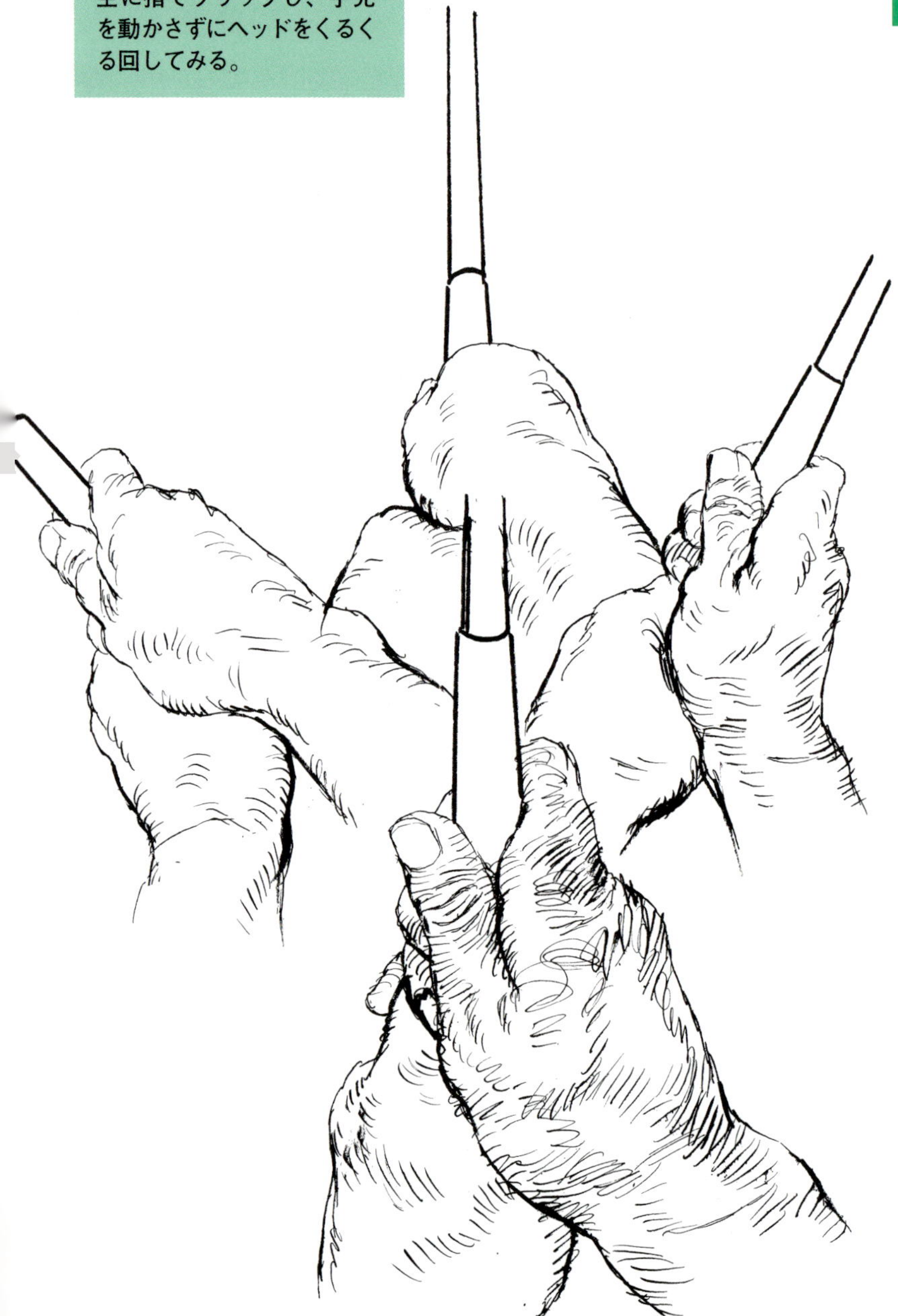

両手でクラブを持ってクラブヘッドで空中にくるくる円を描いてみてください。ただし手元はなるべく動かさずにヘッドだけを動かすようにします。

ヘッドを動かそうとすると手元も一緒に動いてしまうという人は手首が固いからです。手首を柔らかく使えば、手元をほとんど動かさずにヘッドだけを回すことができます。

クラブを手のひらで持つと手首を柔らかく使うことはできません。主に指でグリップすると力が入らないので手首を柔らかく使って手元をほとんど動かさずにヘッドをくるくる回したりすることができるのです。

スイングをするときはそうした手首の柔らかさが必要なのです。手首を固めると、体を回していくら腕を振ろうと思ってもヘッドスピードはあまり出ません。

グリップエンドにあいている穴にティーを刺しておき、小さくスイングしてティーアップしたボールを弾いてみてください。グリップエンドに刺したティーをボールに向けてバックスイングし、そして手首を柔らかく使ってヘッドを振り、ボールを弾いたらフォロースルーでもティーをボールに向けておきます。

指でグリップし、手首を柔らかく使えば腕をあまり動かさずにクラブヘッドを振れるので、グリップエンドに刺したティーをボールに向けたままボールを弾き飛ばすことができます。

10

左手の小指側の3本の指でクラブを持ち、内筋を鍛える。

人さし指と親指には力を入れずに、主に小指、薬指、中指の３本でグリップする。

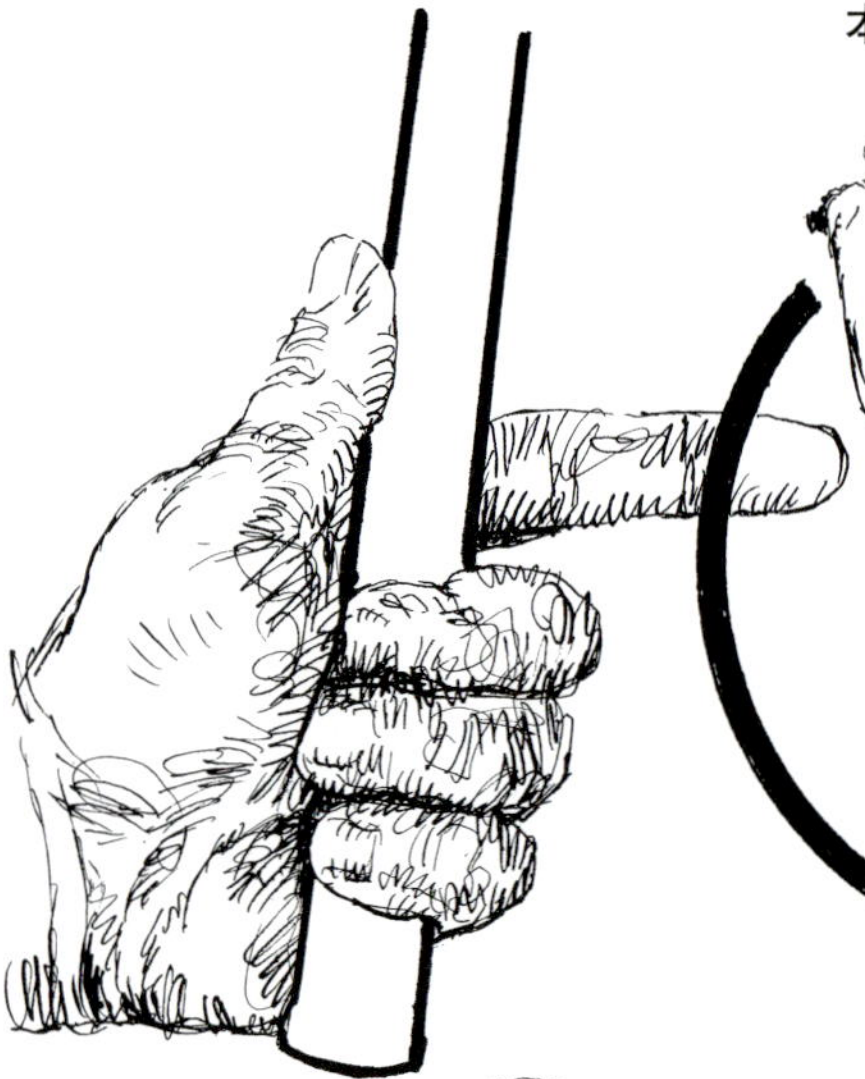

バックスイングのトップで、左手の親指はクラブを支えるだけ。人さし指を離して残りの３本でスイングする。

左腕のリードをよくする練習。小指側の３本でクラブを持ち、クラブが水平になるまで右側、左側と交互に倒す。左腕の内筋が強くなる。

左手だけでクラブを持って素振りをしてみましょう。人さし指と親指には力を入れずに、主に小指、薬指、中指の3本でグリップします。

左手の親指はバックスイングのトップへいったときにクラブを支えておくだけにし、人さし指を離しておいて小指、薬指、中指の3本だけで持ってスイングします。そうすると上体に力が入らずスムーズにスイングできます。

これは、小指側の3本の指で握ると、親指から肩にかけての「外側の筋肉」には力が入らず、小指からわきにかけての「内側の筋肉」を使ってスイングすることができるからです。

スイングするときは外側の筋肉には力を入れないようにし、できるだけ内側の筋肉を使うことが大切です。とりわけ、**スイングの軌道をよくするには左腕のリードが大切なので、左腕の内側の筋肉を強くすることも重要です。**

左手の小指側の3本でクラブを持ち、体の前に左腕を差し出したら、親指をクラブにあてがってシャフトを立てます。そしてクラブが水平になるまで右側に倒して左手の甲を上に向けます。そうすると左腕とクラブ（シャフト）はほぼ直角になります。

次に右から左へ手を180度回転させてクラブを左側に倒してやります。クラブが水平になるまで倒してやると左手のひらは上を向きます。

この動きを右へ左へと、ゆっくり続けてください。ひじの位置を動かさずに固定しておいて、ひじから先（前腕）を回します。右から左に左腕を回す動きは実際にスイングするときにも必要な動作です。

クラブの重さによって手首に相当の負担がかかるので、最初はクラブを短く持ってやり、徐々に長く持つようにするとよいでしょう。これを続けていると左腕の内側の筋肉が強くなり左腕のリードがよくなります。そうすると左腕だけでスイングして実際にボールを打つこともできるようになります。

11

親指に力を入れてグリップすると、手首を有効に使えない。

スイカ割りをするときのように、上から物を叩くときは、親指側に手首を曲げて振り上げ、振り下ろすときはひじから戻してきて、手は叩く瞬間に使います。このひじと手首の使い方はスイングをするときも基本的には同じです。

スイングをするときも振り上げるときは親指側に手首を曲げ、振り下ろすときは手首を曲げたままひじから戻してきます。手首を伸ばすのはボールを打つ瞬間です。

ところがゴルフのスイングをするときになると、バックスイングでうまく親指側に手首を折れなかったり、ダウンスイングで伸ばしてクラブヘッドのほうから先に下ろしてきたりしています。これは親指に力を入れて、クラブを上から押さえつけるようなグリップをしているからです。

野球のバットもテニスのラケットもグリップは親指をはずして握ります。ところがゴルフだけは左手の親指をクラブ（シャフト）の上に乗せてグリップします。親指をはずして持つとクラブが手の中でぐらぐらするので、スイングしたとき動かないように押さえておくためです。

ただしその親指に力が入ると、それが邪魔をして親指側に手首が折れにくく、ダウンスイングで手首が早く伸びてしまうのでクラブヘッドが先に下りてきてしまうのです。**右手の親指はシャフトの上に乗せずに左側に軽くあてがっておくだけです。つまり、右の人さし指と親指でシャフトを左右から軽くはさむようにし、絶対に力を入れないようにします。**そうすればバックスイングしたとき手首が親指側に折れて、スイカ割りをするときのように、ひじが先になって手は後からついてきます。

レッスン 4

クラブを構える

アドレス

Address

下にあるボールを定められた目標へ向かって飛ばすには、正しい立ち方、構え方をしなければ狙いどおりのショットはできません。悪い構えをしてよいスイングをすることはできないのです。また、目標に正しく向いていなかったら、よいショットをしてもボールは狙いをはずれてしまいます。

腰の高さで水平に構えたクラブが、地面につくまで上体を前傾する。

体は真っすぐにして正面を向いたまま、上から振り下ろしてきたクラブを、水平になったところで止める。

背骨は右にも左にも傾けず、真っすぐに保つ。

次に、上半身を静かに前傾し、クラブが地面に着いたところで止める。背筋を伸ばし、ひざには少しゆとりがある。

クラブを持って両足を軽く広げて体を起こし、真っすぐ立ってください。そうしてクラブを頭上に振りかぶるようにして上げたら、体は真っすぐに保って正面を向いたまま、腕を腰のあたりまで下ろしてきて、クラブがちょうど水平になったところで止めます。

両腕は楽に伸ばした状態にし、両ひじを軽く体につけておきます。それでクラブが水平になればグリップエンドはヘソをさしているはずです。

背筋を伸ばして顔は正面に向け、腰の高さでクラブを水平に構えたまま上半身（股関節から上）を静かに前傾し、クラブが地面に着いたところで止めます。猫背にならないように背筋は伸ばしたまま顔もうつむかずに、後はひざに少しゆとりを持たせればアドレスのでき上がりです。

背骨は右にも左にも傾けずに真っすぐに保って頭を両足の真ん中に構えると体重は左右均等になります。股関節から上を軽く前傾すると、土踏まずよりはやや前、両足の親指のつけ根のふくらんだ部分（母指丘）に体重を感じます。

左目から垂らしたクラブはちょうどスタンスの真ん中をさします。

お尻を落としてひざを曲げると体重がかかとにかかり、バックスイングしたとき体が起きてしまうため体をひねることができず、バランスも崩れます。**お尻を落とさずにやや上に向けるようにして構えると猫背にならず、背筋を伸ばした状態で上半身を前傾することができます。**

この構え方はすべてのクラブに共通です。クラブがもっとも長いドライバーは前傾がやや浅くなり、手と体の間隔もこぶし一握り半ぐらいといちばん離れます。クラブが短くなるにしたがって多少前傾が深くなり、手は体に近くなりますが、正しく構えると自然にそうなります。

13

鼻先をボールに向ける感じで、下目づかいに見る。

ボールに構えるとき、お腹から前傾しようとすると胸が落ちて猫背になります。背筋をしゃんと伸ばしたまま、胸には多少の張りを持たせて股関節から前傾してください。「腰から前傾する」とか「上体を前傾する」という言い方が一般的ですが、本当は脚のつけ根の「股関節から」が正しい前傾の仕方です。そうしてスイングをするときに、体をひねるのも股関節からです。

頭は非常に重いため、つい顔を下に向けて構えてしまうのですが、そうすると背中が丸くなり、猫背になってしまうのです。

鼻先をボールに向け、鼻で息を吹きかけるようなつもりで構えてみてください。メガネをかけている人はフレームの真ん中ではなく下のほうでボールを見るようにします。

そうすると頭が下がらず背筋を伸ばしたままで、胸も落とさずに適度の張りを持たせて股関節から前傾することができます。

ジーッとボールをにらみつけるようにして構えると、ボールに向かってだんだん頭が下がっていきます。そうすると前傾が深くなり過ぎて体が回りにくくなります。肩が上下に動いているだけで、体が回っていない人が初心者に多いのですが、これはボールに顔を近づけようとするからです。

「ボールをよく見て」「ボールから目を離すな」とよくいわれると思いますが、ボールをあまり見過ぎると体が回らなくなります。むしろボールをぼんやり見るようにしたほうがよいのです。顔を上げて「下目づかい」でボールを見るようにします。

14

スタンス幅の基準は、両足かかとの間に肩が入るぐらい。

両足のスタンス幅はクラブが短くなるごとに少しずつ狭くなります。スタンス幅には多少の個人差はあってよいのですが、ドライバーで両足のかかとの内側に肩が入るぐらいの広さが基準です。

最初は狭めのスタンスから始め、バランスを保って体を回せるようになったら少し広くしてみて、自分に合ったスタンス幅を見つけるようにします。スタンスが広すぎると力が入って体が回りにくくなり、左右に動いてバランスも崩れます。

両足を揃えて立ち、その真ん中にボールを置きます。そしてまず左足を10センチほど左に動かし、それから右足を右に広げてスタンス幅を決めます。クラブによってスタンスの広さは違ってくるので、右足を広げたり狭めたりして調節します。

ボールの位置は、ドライバーは左足かかとの内側線上に、フェアウエーウッドはそれよりボール1〜2個分ぐらい内側に、アイアンになったらさらに中に置きます。ショートアイアンはスタンスのほぼ真ん中に置くとやさしく打てます。

「左足かかとの内側に置いたボール位置はドライバーからショートアイアンまで全部同じ。クラブが短くなったら右足を左足に寄せていってスタンスを狭くするだけでよい」という説もあります。しかし左足かかとの前にボールを置いてアイアンを打つには、下半身をかなり左に動かしてインパクトしないと正確にボールをとらえることはできません。そういう動きはプロにはできても、一般のゴルファーには難しいことです。スタンスの真ん中にボールを置き、それで正確なアイアンショットができるようになったら、左足寄りに位置を変えて打ってみます。さらにひざを送り込んで左足に乗って打てるようになれば一歩前進です。

アドレスの両足のつま先の向きは、個人差があってよい。

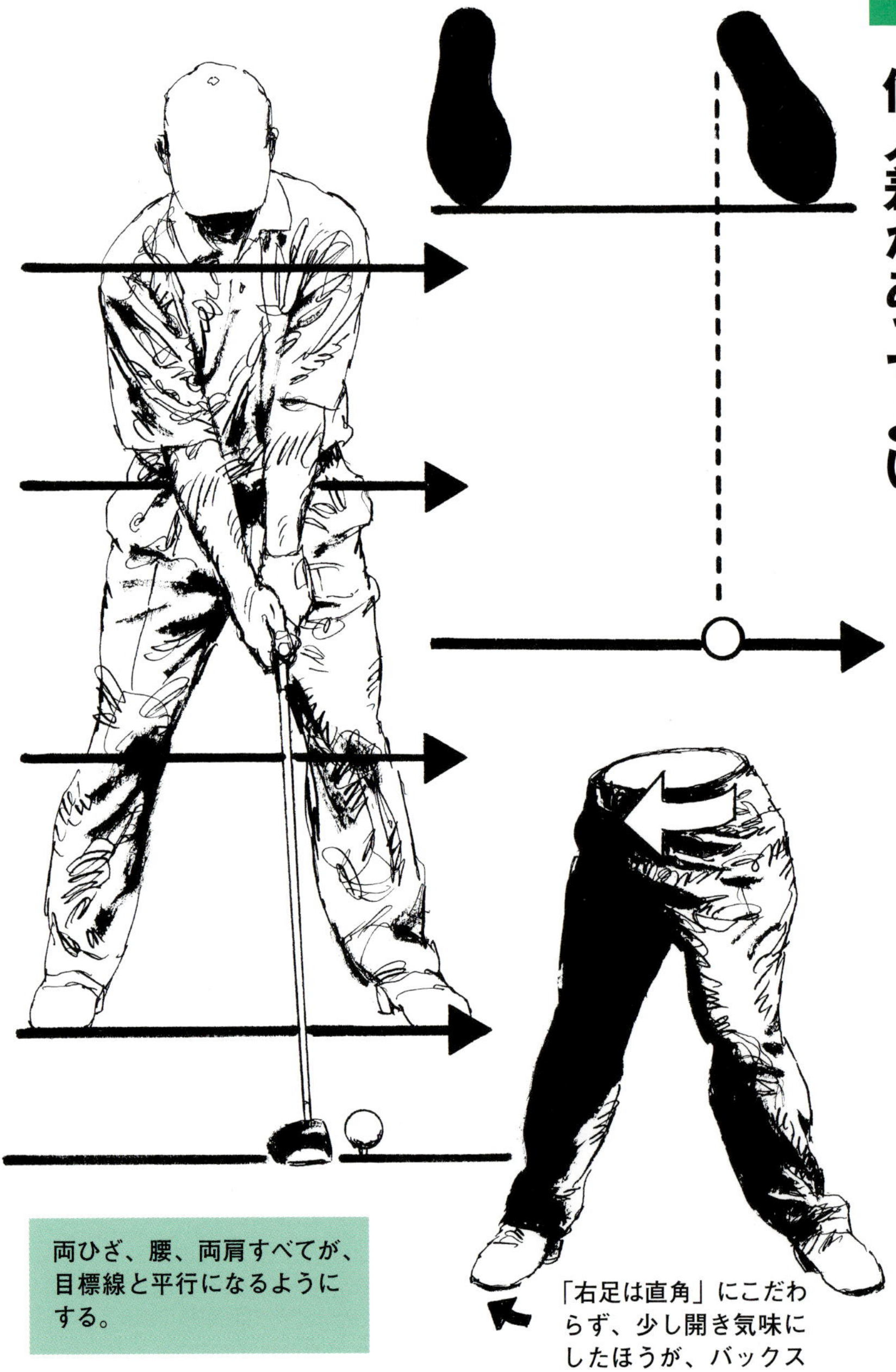
両足のつま先を結んだスタンスライン
が、目標線と平行になる。
「右足は直角」にこだわ
らず、少し開き気味に
したほうが、バックス
イングで体がよく回る。

両ひざ、腰、両肩すべてが、目標線と平行になるようにする。

「右足は目標線に直角、左足のつま先はやや開き気味」が基本とされています。けれどもプロのアドレスを見ても、両足のつま先の向きには個人差があります。若いプレーヤーの中には右足だけでなく左足のつま先も、ほぼ正面に向けて構えている人もいます。これは体が柔軟で、左足のつま先を開かなくても体がよく回るからです。

シニアプロの中には右足のつま先も少し開き気味にし、バックスイングで体を回しやすくしている人もいます。太っている人や年をとって体が固くなってきた人は「右足は直角」にこだわらずに少し開き気味にしたほうがバックスイングがよく回ります。

両足のつま先を結んだスタンスラインが目標線と平行になるのがスクエアスタンスですが、スタンスだけでなく両ひざ、腰、両肩も目標線と平行に構えることが大切です。

スタンスは飛球線と平行（スクエア）でも腰や肩が左を向いて体が開いた状態になると、バックスイングで肩が入らないで（回らない）、クラブが目標線の外に上がり、ダウンスイングで上半身が早く開いたりします。そうするとクラブヘッドは外から内に目標線をクロスしてボールに当たるので、フェースが開いて当たればボールは右に曲がり、フェースが閉じて当たると逆に左に曲がることもあります。

上体を開かずに構えるには両ひじにゆとりを持たせ、目標線と平行に構えることも大切です。右手でボールを叩こうとすると右ひじが伸びて左ひじが引け、その結果、右肩が前に出るので左肩が開いてバックスイングで肩が入らなくなります。右ひじが突っ張らないように十分なゆとりを持たせ、右肩も前に出てこないようにします。左ひじより右ひじのほうがやや下（内側）になるように、両ひじにクラブをあてがってみて目標線と平行か、あるいはやや右を向くぐらいのほうがよいのです。

16

頭は右にも左にも傾けず、スタンスの真ん中に構える。

両足を適度に広げ、上段に振りかぶったクラブをそのまま真下に下ろして構えると頭はスタンスの真ん中、体重は左右五分五分にかかります。スタンスの真ん中に構えた頭は右にも左にも傾かないように首を真っすぐにします。背筋も真っすぐのまま、どちらにも傾けずに前傾します。

ドライバーの場合、ボールは左足かかとの前に置いているので、それを真上（正面）から見ようとすると頭が左足のほうに寄ってきます。そうすると右肩が前に出て左肩が引けるので上体は開いてしまうだけではなく、体もまったく回っていないことになります。

クラブヘッドをボールから10センチほど後方に離して構えてみましょう。そうしてスタンスの真ん中にボールがあると思って構えると頭は左足のほうに出ていかず、真ん中に構えることができます。

アドレスしたとき、右手が左手の下になるのでその分右肩のほうがやや低くなります。そうすると頭の位置も、真ん中に構えているつもりでも右肩が低くなった分、多少右足のほうに寄ります。

しかし**意識して右肩を下げたり、ボールを横（後ろ）から見ようとして上体を右に傾けたりするのはよくありません。**スタンスの真ん中に構えて両肩を平らに構えているつもりでも頭はボールの後ろにあるので、それ以上横から見ようとする必要はありません。

17

手は肩から垂らした状態で、腕にゆとりを持たせて構える。

上半身を軽く前傾し、肩から両手をだらりと垂らしたら、それ以上腕を伸ばしたり手を体から離したりしないで構えます。力を抜いて肩から手を下ろせば腕は自然に伸びています。腕は突っ張らずに余裕を持たせて構えることが大事です。

腕を肩から垂らしたら、ぶらんぶらんの状態にしておいて腕の重さを感じながら両腕を左右に振ってみてください。クラブを持って実際にスイングするときも、腕には同じような柔らかさが必要なのです。腕を意識的に伸ばして構えると、バックスイングしたときに逆に左ひじが折れてしまいます。

手をボールに向けて伸ばす癖のある人はクラブを持たずにアドレスのポーズをとり、あとから誰かにクラブを持たせてもらうとよいでしょう。

ボールに構えたとき、目から真っすぐ下ろした線より手が外に出ることはありません。手が目の外に出るようでは離れ過ぎで、ドライバーを構えて、ロからボールか何か落としたら右手に当たるぐらいの位置、手と体の間に握りこぶしが一つ半ぐらい入る位置がベストです。

ゴルファーは、打っているうちにだんだんボールから離れて立つ傾向があります。ボールに近く立つより離れたほうが力強いスイングができてボールが飛ぶように思えるからです。しかし離れすぎると前傾が深くなるため体は回りにくく、体と腕の一体感もなくなるのでショットは安定しなくなります。

手からアドレスに入ると手が体から離れたり、ボールから遠くなったりします。**両ひじを軽く体につけてクラブを持ったら、右足からボールに近づいてアドレスに入ります**。右足を半歩前に出してボールとの間隔をつかみ、両ひじを体につけたままクラブヘッドをボールの後ろに置きます。

18

目標ラインとスタンスラインは、どこまで行っても交わらない。

目標に向かってアドレスしたら、両足のつま先にクラブを合わせて置いて、ボールから目標までのターゲットラインが平行になっているかチェックする。

目標ラインにスタンスラインを交差させるようにして構えるのは、間違い。

目標に正しく体が向いていなかったら、いくらいいショットをしても狙ったところにボールを飛ばすことはできません。ボールから目標までのターゲット（目標）ラインに対し体が平行に向いていないと、目標に正しく構えたことにはなりません。

目標に向かってアドレスしたら、両足のつま先にクラブを合わせて置いてみましょう。そうしてボールの後方からクラブの向きを見てください。

スタンスに合わせて置いたクラブはどこを向いているでしょう。ボールから目標までのターゲットラインに対しクラブが平行に向いているでしょうか。

目標ラインに対しクラブが平行にならずにかなり右を向いている人が多いのではないでしょうか。もしそうなら自分では目標に正しく構えているつもりでも、目標の右に体を向けていることになります。

意識的にフックボールを打とうとするなら、ボールが右から左に戻ってくることを計算して右を向いてよいのですが、目標に真っすぐ打とうとして右を向いて構えたら、ナイスショットが目標の右に飛んでいき、狙いをはずれてしまいます。**右を向いてフェアウエーに打とうと思うと強引に右手を返さなければならないので左に引っかけ球が出ることもあります**。

アベレージゴルファーの80パーセントぐらいの人が目標の右を向いているといわれています。ではどうして右を向くのでしょう。

左肩を目標に向けたり、スタンスを目標に向けて目標ラインにスタンスラインを交差させ、それで正しく構えいると勘違いしている人もいると思います。

しかし目標とスタンスラインが交わったら、本当は目標の右を向いていることになります。

19

目標に対して、体を平行に構える。

目標ラインとスタンスラインはどこまで行っても交わらず平行にならないと目標に正しく構えたことにはならないのです。それにはアドレスに入るときの手順が大事です。

まずボールの後方から目標を確認し、ボールから目標までのターゲットラインをイメージします。そして、アドレスに入るときはボールの横に立っている間にすでにクラブをグリップし、目標方向を見ながらボールに近づいていきます。

ボールの横に立って目標を見るときはやや半身の形になり、左肩を目標のだいぶ左に向けて体を開いた状態でボールに近づきます。そうして右足からアドレスに入り、クラブヘッドをボールの後ろに置いてフェースを目標ラインに向け、それからスタンスの位置を決めます。

左肩を目標線に重ね合わせるようにして上体を閉じるようにアドレスに入ると、体は目標の右を向いてしまいます。スタンスを先に決めて、それからグリップしてクラブを構えたときにも目標の右を向きます。

クラブを銃を撃つときのように、目標に向けて構えてみてください。そうすると誰でも左肩は目標のだいぶ左を向きます。スイングするときもそのように左肩を目標の左に向けるように構えると、ちょうど平行になります。

また、**目標に向けてクラブを置き、それと平行にもう一本クラブを置いて、それにスタンスを合わせて練習することによって「平行感覚」を早く体で感じとることができるようになります。**練習のときはよくても、コースに出るとショットがよく左右にブレるのは、目標に正しく（平行に）構えていないからです。

レッスン5

正確に飛ばす
スイング
Swing

スイングは「振る」という意味ですが、ほとんどの人はこの意味を正確に理解していません。多くの人がヒット、つまりボールを打ってしまっているのです。「振る」練習を身につけるには、首のつけ根を軸に、クラブが円を描くことを常にイメージしてください。ボールは、その途中にあるのです。

体を起こして、クラブを水平に振ってみる。

両足を揃え、体を起こしてクラブを水平に構える。

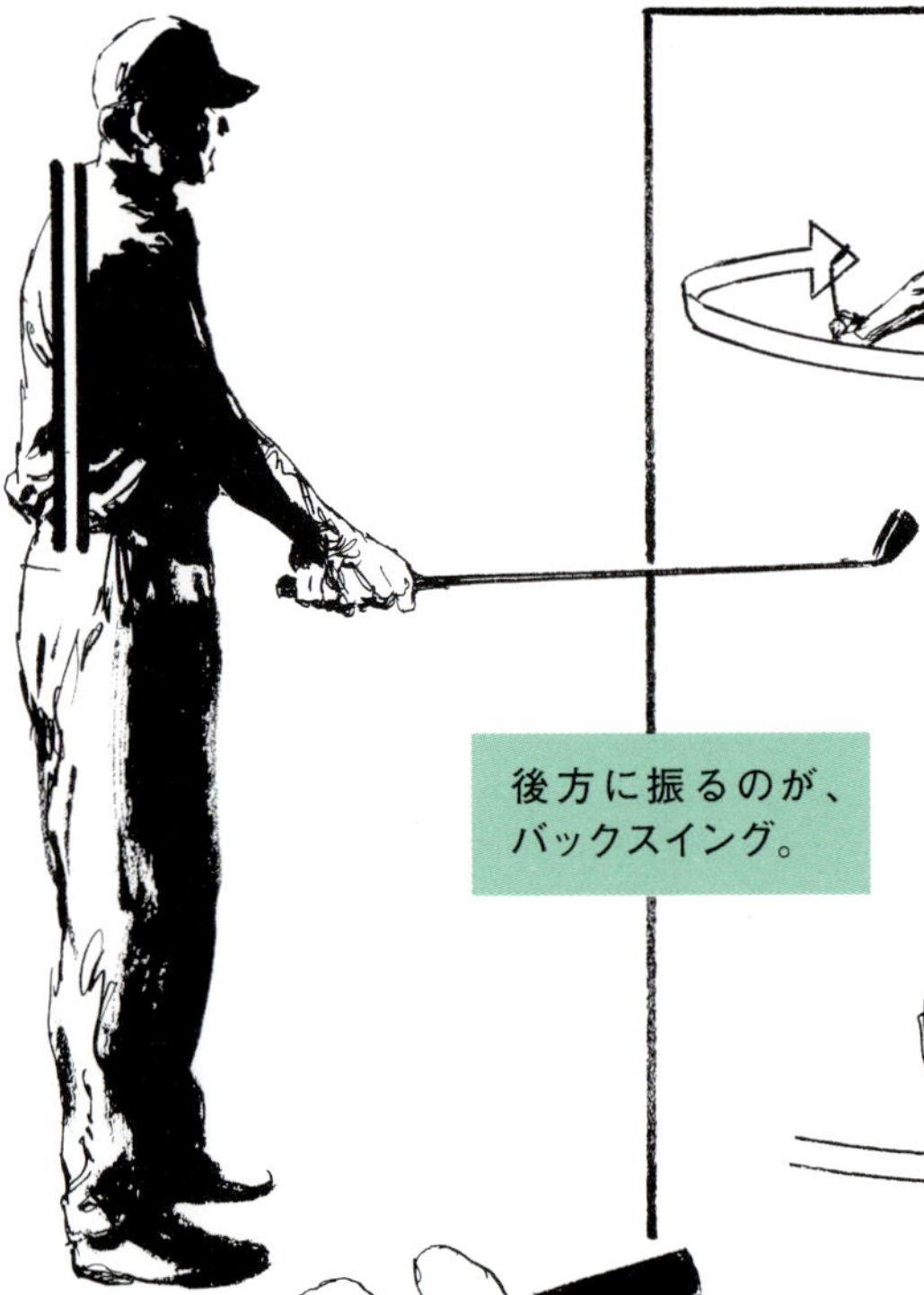

次に、右へ、左へと水平に振る。

後方に振るのが、バックスイング。

前方に振り出してやるのが、フォロースルー。

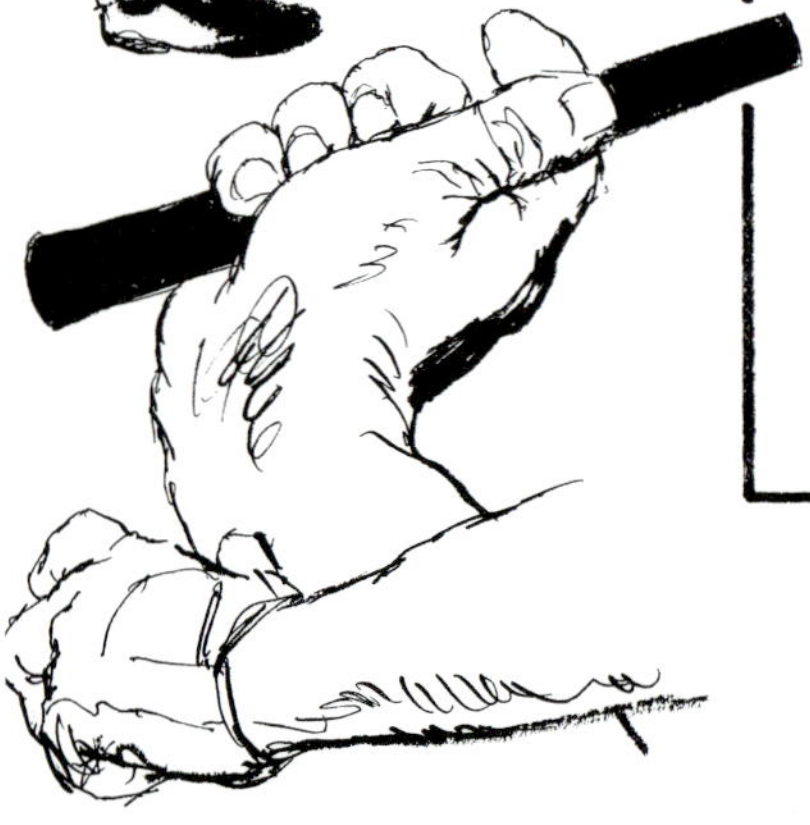

バックスイングでは、右手のひらが上を向き、フォロースルーでは、左手のひらが上を向く。

ゴルフは下に置いてあるボールを打つゲームです。そのため体を前傾し、クラブを下（ボール）に向けておいてスイングしなければなりません。前傾姿勢を保って体を捻転し、なおかつクラブは上下に振らなければならないという、日常生活の中ではまったく経験したことのない動作です。

そこでまずは、両足を揃え、体を起こし、クラブを水平に構えておいて、右へ左へと水平に振ってみましょう。体を起こして構えたほうが体はよく回り、クラブも横に振るほうがはるかに簡単なことがわかるはずです。水平に振れば体がよく回り、クラブのスピードもよく出ます。

後方に振るのがバックスイング、前方に振り出してやるのがフォロースルーです。クラブを水平に振ってバックスイングでは右手のひらを上に向けます。そうするといわゆる出前持ちのような形になり、右ひじが下を向きます。

クラブを前方に振り抜いてフォロースルーでは今度は左手のひらを上に向けます。そうすると左ひじが下を向きます。バックスイングで右手のひらが上、フォロースルーでは左手のひらが上と、左右対称の動きになるようにします。

体を起こして水平に回れば首を中心に体がよく捻転し、クラブを水平に振れば腕の振り方、手の使い方もよく理解できます。体を起こして水平に振ることから始め、少しずつ前傾していっても水平に振るときと同じような感覚でスイングができるようになればボールが下にあっても違和感なく体が回り、クラブもよく振れるようになります。

21

クラブは、バックでもフォローでも目標線の内側を通る。

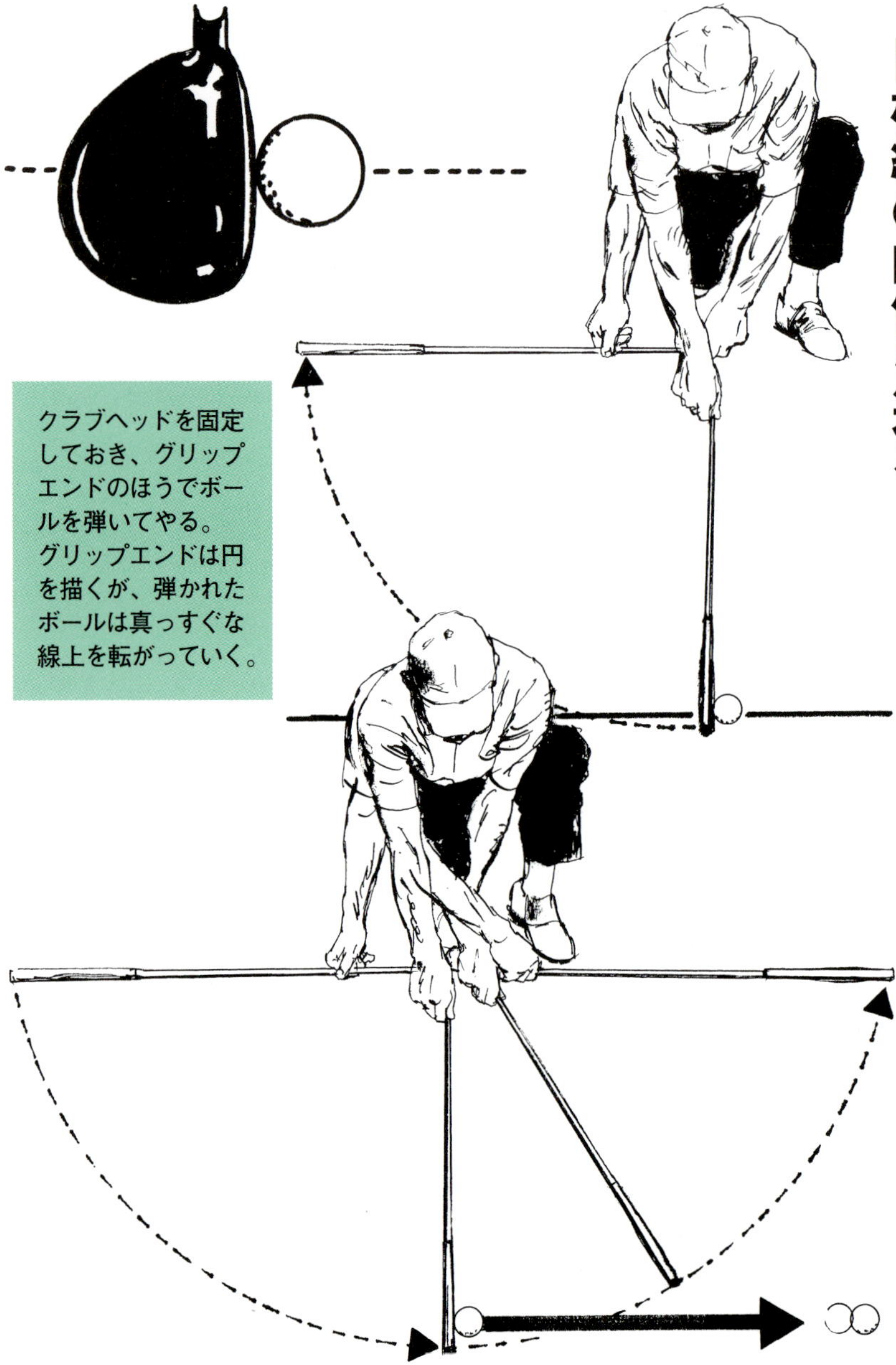

クラブヘッドを固定しておき、グリップエンドのほうでボールを弾いてやる。グリップエンドは円を描くが、弾かれたボールは真っすぐな線上を転がっていく。

スイングは円運動です。軸回転に沿って腕を振ることによってクラブヘッドは円を描きます。

目標線に体を平行に向けておいて、首のつけ根を中心に体を捻転してスイングするとクラブヘッドは円を描くので、バックスイングでもフォロースルーでもクラブは飛球線の内側を通ります。体を捻転することで飛球線の内側に上がったクラブは同じように内側から下りてきて、ボールをヒットした後も体の回転に沿って飛球線の内側を通り抜けていきます。

目標に向かってクラブを真っすぐ振るのではなく、目標線のかなり内側に振り抜いていく感覚です。プロがレッスンをするとき、よく「左に振れ」と言います。左、つまり目標線の内側という意味ですが、左に振ったらボールは左に飛んでいくのではないか、と心配する人が多いと思います。

スイングは背骨を軸にした円運動であるから左（目標線の内側）に振って初めてボールは目標へ真っすぐ飛んでいくのだと言っても、感覚的にはなかなか納得できないと思います。

次のようなことをやってみてください。地面にクラブを天地、逆にして置きます。そして、クラブヘッドを固定しておいてグリップエンドのほうでボールをポーンと弾いてやるのです。クラブヘッドを固定しておけばグリップエンドは円を描きます。

真っすぐな線を引いて、それに沿ってグリップエンドを振ると円を描いて内側から内側へ通るわけですが、弾かれたボールは真っすぐな線上を転がっていきます。**グリップエンドを左に振ればボールも左に出ていくような感じがしますが、軸を固定しておいて円を描けば、打たれたボールは真っすぐに出ていきます。**

スイングをするときも、首のつけ根を軸に目標線の内側から内側へクラブが通るとボールは真っすぐ飛ぶということをまず理解する必要があります。

22

フェースの向きは、体の回転によってバックで右、フォローで左と変わる。

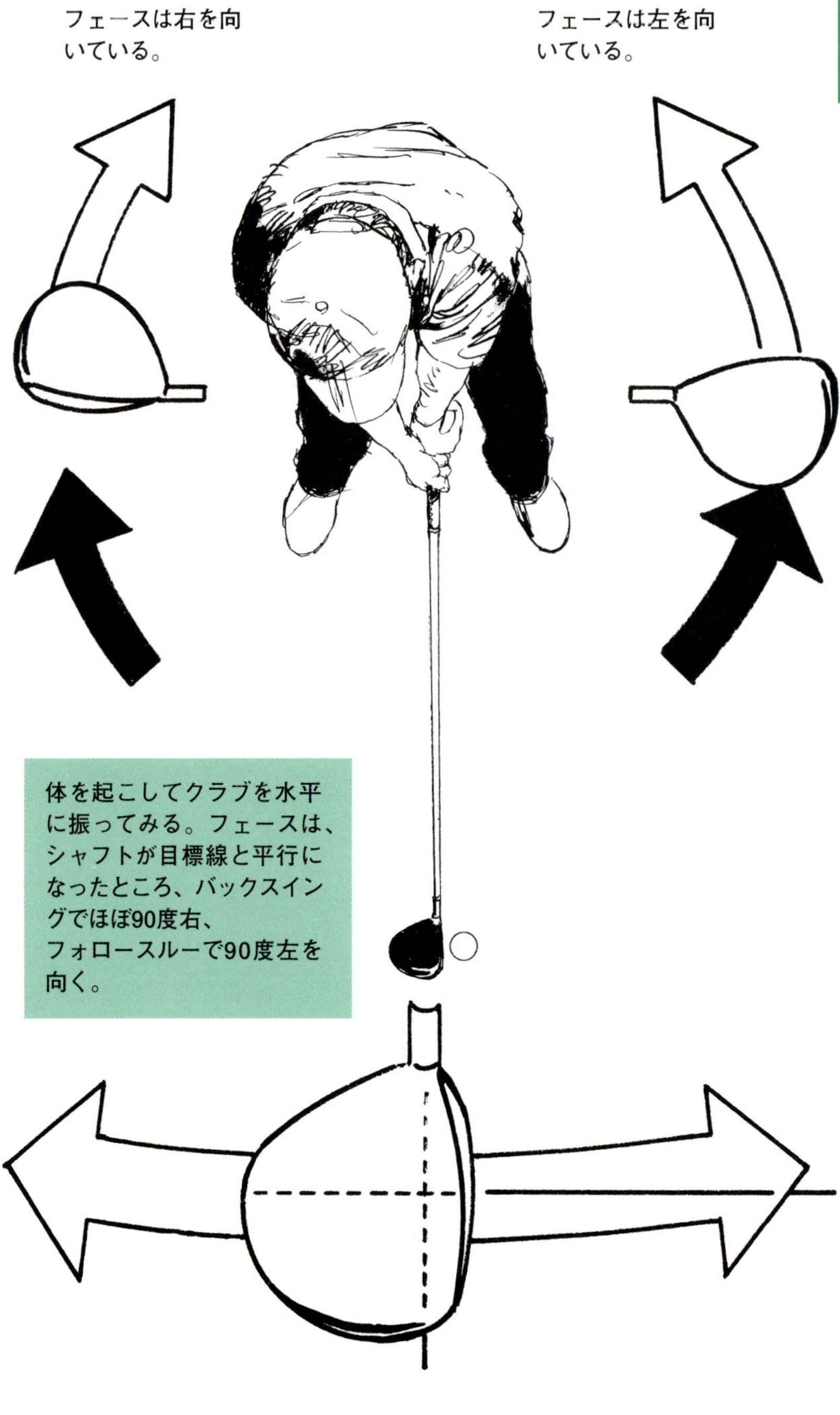
フェースは右を向いている。
フェースは左を向いている。

体を起こしてクラブを水平に振ってみる。フェースは、シャフトが目標線と平行になったところ、バックスイングでほぼ90度右、フォロースルーで90度左を向く。

目標に向かって正確なショットを打つにはクラブヘッドで正しい円軌道を描くことと、クラブフェースの向きも重要です。クラブヘッドが目標線の内側から内側へ通る中でフェースは目標に対して真っすぐにボールをヒットしなければなりません。クラブの軌道がよくても、インパクトでフェースが開いて右を向いて当たればボールは右に曲がり、逆にフェースが閉じて左を向いて当たれば左に曲がります。

しかし、クラブは相当のスピードで通り抜けていくので、インパクト時のクラブフェースの向きを自分の意志でコントロールすることは困難です。

そこで、バックスイングとフォロースルーのクラブフェースの向きを理解することが必要になるのです。ボールに構えたときはフェースは目標に真っすぐ向いています。バックスイングで体と腕を一緒にゆっくり右に回し、クラブが目標線の内側に入ってくればフェースの向きも徐々に変わっていきます。

体を起こしておいてクラブを水平に振った場合、右腰のあたりまでバックスイングしてシャフトが平行になったとき、フェースは正面を向きます。アドレスで目標線に真っすぐ（直角）に向けたフェースは、シャフトが目標線と平行になったところで、ほぼ90度右を向いているわけです。

これはフォロースルーでも同じです。体を起こしておいて体と腕を一緒に左に回し、クラブを水平に振っていくとフォロースルーでシャフトが目標線と平行になったとき、クラブフェースは後ろを向きます。アドレスで目標に真っすぐ向けたフェースはフォロースルーで90度左を向いているわけです。

バックスイングで体が右に回ればフェースも右を向き、フォロースルーで体が左に回ればフェースも左を向きます。**バックスイングで右、フォロースルーで左とフェースの向きが変わっているように見えますが、これは体が回っているだけでフェースの向きは実は変わっていないのです。**

23

ティーアップしたボールを、9番アイアンで軽く弾く練習。

体を起こしておいてクラブを水平に振るとクラブは内側から内側へ通ります。壁に向かって振ってみると、首のつけ根を中心にクラブヘッドは円を描き、回転に沿ってフェースはバックスイングで右、フォロースルーでは左を向くこともよくわかります。

スイングは円運動であることがわかったら、ティーアップしたボールを9番アイアンで実際に打ってみましょう。背筋を伸ばして真っすぐ立ち、グリップエンドをヘソに向けてクラブを水平に構え、背筋を伸ばしたままクラブヘッドが下につくまで前傾します。猫背にならないように股関節から前傾し、親指のつけ根のふくらみのある部分（母指丘）に体重をかけて構えます。体重がかかとにかからないようにしてください。

腕を肩からだらりと垂らした状態で、両ひじに余裕を持たせます。クラブヘッドを少し浮かしたときに、クラブの重さを十分に感じ、腕が引っ張られるような感じを大切にしてください。

小さなスイングで、ティーアップしたボールをポーンと弾いてみてください。クラブを強く握って手首を固くすると、ヘッドをきかしてボールを弾くことはできません。

手首を上下左右に動かしたり、あるいはくるくる回したりできるように柔らかくグリップすれば、小さくスイングしてもヘッドをきかしてボールを弾くことができます。

ところが、ボールを打つとなると、クラブをギューッと強く握り、手首も固めてしまう人が多いのです。グリップを見ると、親指のところが減って穴があいている人がいます。これは力を入れて強く持っているからです。

24

上から物を叩くときのように、手首を親指のほうに曲げる。

上から、何か物を叩こうとするときは、自分の顔のほうに手首を曲げて振り上げ、曲げたまま下ろして来て瞬間に手首を使います。

この手首の使い方はゴルフのスイングをするときもまったく同じです。手を動かす方向が違うだけで、スイングをするときもやはり物を叩くときのように親指のほうに折り曲げてバックスイングします。そしてボールを打つ瞬間に手首をきかしてクラブヘッドでボールを弾いてやるのです。

9番アイアンを小さく振って、ティーアップしたボールを弾くことによって、この手首の使い方を体得できます。9番アイアンはクラブ（シャフト）が短いので振りやすく、フェースの角度（ロフト角）もあってボールはよく上がります。

グリップエンドの穴にティーを差しておいて振ってみるのもよいでしょう。手首を親指のほうに折って左手の親指を立てるようにするとティーをボールに向けたまま、手をあまり大きく動かさなくてもクラブヘッドを上げることができます。

この手首の使い方はボールを打った後も同じです。左手の親指を立てるようにしてヘッドを上げて、クラブヘッドでボールを弾くようにしてヒットしたら、打った後もやはり同じように手首を親指のほうに折り曲げて左手の親指を立てるようにします。そうしてグリップエンドに差したティーをボールに向けておくようにします。

そうすると**バックスイングでもフォロースルーでも、グリップエンドがボールをさしてシャフトが立ちます**。

こうして手首を使ってボールを弾くと、クラブヘッドをきかしてボールを弾くことができます。

バックでもフォローでも、左手首を立てるようにしてボールを弾く。

バックスイングでも、フォロースルーでも、左手の親指を立てるようにしてグリップエンドをボールに向け、シャフトを立てるようにすると、ひじが体から離れない。

グリップを強く持って手首を固めてしまったらどうなるでしょう。手首を親指のほうに折り曲げることができないため、小さいスイングでボールをポーンと弾くような打ち方はできません。

手首を使わずに腕を動かさなければならないため、ヘッドをきかすことはできず腕を横に動かしてボールを押すような動きになります。

小さいスイングで手首を柔らかく使うことから始めると、「クラブヘッドをスイングする」ことができるようになります。手首を柔らかく使ってクラブヘッドでポーンとボールを弾く感覚がわかれば、ゴルフスイングはボールを打ったり押したりするのではなくクラブヘッドを「振る」のだ、という意味がわかってきます。

左手の親指を立てるようにしてグリップエンドを下（ボール）に向け、シャフトを立てるようにしてバックスイングするのですが、そうすると右ひじが体から離れずに曲がって下を向きます。ところが手首をまったく折らずに伸ばしたままクラブと腕を一緒に後方に動かすと右ひじが引けて体からはずれてしまいます。

打った後の、フォロースルーでも同じです。左手の親指を立てるようにしてグリップエンドを下に向けてヘッドでボールを弾くと、左ひじが体から離れずに下を向き、シャフトが立ちます。手首を固めて腕とクラブを目標方向に出してやるとヘッドでボールを弾けず、押しているような形になり、左ひじが引けて、やはり体からはずれてしまいます。

バックスイングでもフォロースルーでも、手首を柔らかく使わなかったら、クラブを振ることはできないわけです。

26

右手と左手の両手の間を離して持ち、左手を支点に右手で振る。

アドレスの位置で、左手を
梃子の支点にして動かさず、
右手で振り抜く。

右手は左手の上。
シャフトを立てる
ようにして、右
手が上。
右手と左手を離してクラブを持ち、
9番アイアンでティーアップした
ボールを打つ。

手首の使い方がわかったら、今度は両手の間隔を離してクラブを持ち、9番アイアンでティーアップしたボールを打ってみましょう。グリップエンドを下に向け、左手はあまり動かさずに右手が左手の上になります。クラブヘッドを下ろしてきて左手を構えた位置に戻したら、右手でクラブヘッドを振ってボールを弾いてやります。アドレスの位置に戻した左手は、それ以上左には動かさずに右手で振り抜いてやるのです。やはりグリップエンドを下に向け、シャフトを立てるようにして右手で振り抜くと右手が上になります。

両手を離してクラブを持ち、クラブヘッドで何か重い物を押してみてください。このとき、左手を動かしてしまうと重い物を動かすことはできません。左手を梃子《てこ》の支点にして、左手を固定しておいて右手で押してやると、かなり重い物でも動かすことができます。

実はこの両手の使い方はスイングするときにもいえることです。左手が支点の役割をしているのです。両手をつけてグリップし、実際にスイングすると、両手が一緒に動いているように見えます。しかし、**インパクトの瞬間は左手が支点になっていないと正確にボールをとらえることはできないのです。**

これは両手を離してクラブを持ち、ティーアップしたボールを打ってみるとよくわかります。インパクトで左手を左に出すと、ヘッドが振れないため、フェースが開いて（右を向いて）当たるので、ボールは右に飛び出していきます。左手が構えた位置に戻ったところでボールをヒットし、右手が左手を追い越していくとヘッドがよく振れ、ボールは目標へ向かって飛んでいきます。バックスイングでもフォロースルーでも右手が左手の上になるということも、両手を離してクラブを持ってスイングするとよくわかります。

27

腰の高さで、シャフトは目標線と平行になる。

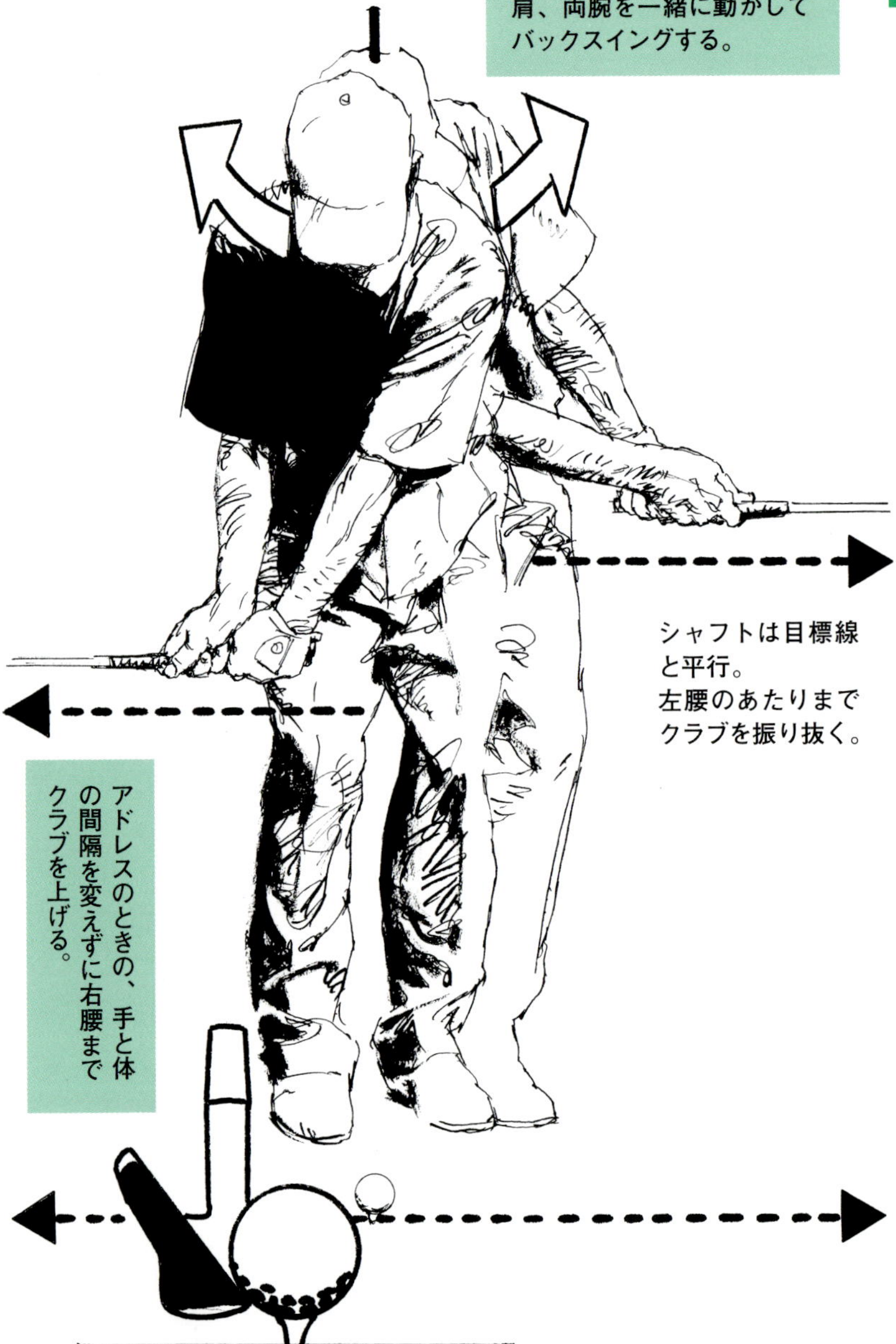
両足かかとの間隔は15センチ。首のつけ根を軸に、両肩、両腕を一緒に動かしてバックスイングする。
シャフトは目標線と平行。
左腰のあたりまでクラブを振り抜く。
アドレスのときの、手と体の間隔を変えずに右腰までクラブを上げる。

手首の使い方、両手の役割がわかったら、再びティーアップしたボールを9番アイアンで打ってみましょう。両足かかとの間の間隔は15センチ。狭いスタンスで、右腰から左腰ぐらいの振り幅から始めます。

目標に向けてクラブを地面に置き、それに平行にスタンスを構えます。両腕を肩からだらりと垂らしたら、それ以上、手を体から離さずに構えると9番アイアンでグリップの位置はだいたいあごの下にきます。両ひじは伸ばさず、少し曲げた状態にし、グリップエンドをヘソに向けて構えます。

首のつけ根を軸にして両肩、両腕を一緒に動かし、バックスイングします。アドレスの手と体の間隔も変えずに右腰のあたりまでクラブが上がったとき、シャフトは目標線と平行になり、なおかつ地面に対し水平になるようにします。

手だけでクラブを持ち上げたり内側に引いたりしてはいけません。グリップエンドを体に向けたまま手を体からはずさないようにし、胸を目標線の後方に向けてやります。

ダウンスイングに入るときも手を先に振ろうとしないで、体と一緒に戻してきます。手で打ちにいかないように、腰のほうを少し先に戻すぐらいの気持ちがあったほうがよいのです。

グリップエンドを体に向けたまま、手と体の間隔も変えずに、体を目標に向けてやるようにして左腰のあたりまでクラブを振り抜きます。それでフォロースルーでもシャフトが目標線と平行になり、なおかつ地面と水平になるようにします。

手を体からはずさずに、体と両腕を一緒に動かして腰から腰までスイングすれば、バックスイングでもフォロースルーでもシャフトは目標線と平行になります。

28

左腕が地面と水平になるあたりから、リストコックする。

肩と一緒に手を横に動かし右腰のあたりまでバックスイングすると、シャフトが目標線と平行になります。その後は、それ以上、手を目標線の内側に引かないで右肩に向かって上げてやります。手は横から縦の動きに変わるわけです。

シャフトが目標線と平行になるあたりまでは手首を使わず、そこから先は左手の親指を立てるようにして右肩に向かって上げてやります。そうすると腕とクラブの動きに引っ張られるようにして、左肩もついてきます。9番アイアンで実際にスイングするときは、手を右肩より高く上げようとしないで、左腕が地面と水平になるぐらいのバックスイングで十分です。左腕が地面と水平になるあたりが9番アイアンのフルスイング（いちばん大きいバックスイング）だと思ってください。

それでもクラブヘッドに惰力《だりょく》がついているので実際はもっと高く上がります。長い（大きい）クラブになると、そのズレはさらに大きくなります。自分でイメージしたバックスイングの大きさと、実際の動きの間にはズレがあるということを頭に入れておく必要があります。

左腕が地面と水平になったあたりで手首を親指側に折って左手の親指を立てるようにする、この手首の動きを「リストコック」といいます。しかしこの動きは何か物を叩いたりするときはごく普通にやっていることで、ゴルフスイングに特有の動作ではありません。

手を顔の正面に構えてシャフトを立てれば手首は自分の顔に向かって親指側に折れ、左手の親指が立ちます。それでシャフトを右肩のほうに少し傾けておいて肩を回してやると手は右肩のやや上におさまります。それがバックスイングのトップです。

29

バックスイングの始動では、両肩、両腕の三角形を維持する。

バックスイングを始動して、シャフトが目標線と平行になるあたりまでは、手首を使わずに、両肩と両腕によってできる三角形を維持します。シャフトが目標線と平行になった後、手を右肩に向けて上げてやるあたりから、手首を親指側に折った状態で上方に上げるという縦の動きに変えてやるわけです。

横の動きから始動して、手が右腰を過ぎるあたりからは右肩に向かって縦の動きに変えてやるのです。

バックスイングのときに、いきなり手を、上に持っていくと肩が入らずにクラブは目標線の外に上がります。また、手を内側に引きすぎると、インサイドから外に押し出すような打ち方になったり、右肩がかぶりクラブが外から下りてきます。

左手の親指を立てて、左腕が地面と平行になるあたりまで上げたとき、左腕とシャフトには90度近い角度ができています。手が右肩まで上がったとき、左手の親指を立てるようにしてグリップエンドを斜め下に向け、クラブフェースが斜め上方を向くようにします。そうすればフェースの向きは変わらずそのまま下ろしてくると目標に真っすぐ向きスクエア（直角）にボールに当たります。

バックスイングで、左手の甲が自分の顔に向かって左手首を外側に折ると、フェースが開き、そのまま下ろしてくると右を向いて当たり、ボールは右に曲がります。逆に左手の甲を右後方に向けるようにすると、フェースが閉じて左を向いて当たるので、ボールは左に曲がります。初めはフェースを開いて上げる人が多いものです。バックスイングが上がり切ったとき、フェース面が斜め上を向いているかどうか、自分で確かめてください。

30

壁を背にバックスイングし、壁にクラブを当てない練習。

壁に向かってアドレスし、壁に沿ってバックスイングしてみましょう。手と体の間隔を変えずにバックスイングするとクラブヘッドは壁の内側に入ってきます。

バックスイングは「目標線の後方に真っすぐ」といっても、スイングは円運動ですから、クラブヘッドは目標線の内側に入ってきます。クラブヘッドを壁に沿って本当に真っすぐ上げようとすると手が体から離れ、肩もついてこないので、クラブは外に上がってしまいます。

手がシャフトにかかるぐらいクラブを短く持ち、グリップエンドを体につけておいてバックスイングすると、クラブヘッドが内側に入ってくるのがよくわかります。そうしてシャフトが目標線と平行になるあたりまで体につけておいて、それから先はグリップエンドを体から離して右肩に向けて上げてやります。

今度は壁を背にしてバックスイングしてみましょう。右腰の前でシャフトが目標線と平行になったあたりから、グリップエンドを体から切り離すようにして、右肩に向けて上げてやるとトップでクラブは壁と水平になります。**トップスイングではヘッドが壁に当たらず、シャフトが壁と平行になっていれば、クラブが正しい位置に上がっていることになります。**

31

上から物を叩くときのように、ひじから下ろしてきて手は後で使う。

スイカ割りをするときのように上から何か物を叩くときは、手首を親指側に曲げたままひじから先に下ろしてきます。クラブを逆さに持って上から振り下ろしてみてください。振り下ろす瞬間、手首を伸ばして手を先に戻す人はいないと思います。手首を曲げたままひじから下ろしてきて、叩く瞬間に手を使います。

このひじと手の使い方はクラブを振り下ろす角度が違うだけで、スイングと同じです。

上から何か叩くようなつもりで体の前で手を振り上げてシャフトを立て、そのまま右に体を回す。それが、バックスイングのトップです。手首は親指側に折れ、左手の親指が立ち、グリップエンドは斜め下を向いています。

ダウンスイングに入るときはまず下半身を左に戻し、左手の親指を立てたまま両ひじから下に向けて下ろしてきます。ボールを打つ瞬間は手を使って手首を戻し、ボールを弾くようにしてクラブを振り抜いていきます。

クラブヘッドをバックスイングから早く戻そうとしないで、両ひじを体に引きつけるようにして下ろしてきます。

振り遅れないように、あるいはヘッドスピードを出そうとして手を先に使ってヘッドを早く戻そうとすると、ダウンスイングで手首が伸びてしまいます。手首をこねてすくい上げたり、インパクトで左ひじが引けるのは、ダウンスイングに入る瞬間に手首を使ってヘッドを早く戻そうとするためです。

32

ダウンスイングは綱引きの要領で。下半身でクラブを引き下ろす。

ダウンスイングのときの腰の使い方は、綱引きをするときの感覚。

下半身が少し左に動き、左のお尻のあたりに体重が乗る。そのとき、左ひざは曲がったままの状態で踏ん張り、腰もまだ開いていない。

バックスイングしたら、誰かにクラブヘッドを持ってもらって、トップから引き下ろしてみてください。綱引きをするときと同じような下半身の使い方だということがわかると思います。ダウンスイングを始めるときの腰の使い方は、構えた位置で綱引きをするのと同じような動きだといってよいでしょう。

下半身が少し左に動き、左のお尻あたりに体重が乗ります。そのとき、左ひざは曲がったままの状態で踏ん張り、腰もまだ開いてはいません。

左ひざが伸びたり左腰が引けたりするとクラブを強く引き下ろすことはできません。これはスイングをするときも同じです。ダウンスイングを始めるとき、左ひざが突っ張ったり引けたりして腰が開いてしまうとパワーを引き出すことはできず、クラブを振り下ろす軌道も狂ってきます。**ダウンスイングは左足から始動し、綱引きをするときのように腰で引き下ろし、両ひじを体に引きつけるようにして下ろしてくるとエネルギーを蓄えておくことができて、クラブは目標線の内側から下りてきます。**

それが実際にスイングすると、左ひざが伸びたり、腰が引け、体重を後ろに残して打つためにスライス、引っかけ、ダフリ、トップといろいろなミスが出るのです。そのような打ち方ではパワーが逃げてしまうため、もちろん距離も出ません。

構えた位置で綱引きをするときのように、下半身で引き下ろしてくると体重は左に乗っていくので、左足を軸にして振り抜くことができます。

33

トップから右手を使って腰を回そうとすると、体重は右足に残る。

腰が引けて打っている人が多いのは、ダウンスイングに入るときに、いきなり腰を回そうとするためです。「ダウンスイングは腰でリード」といわれていますが、「腰を回す」という動作はないと思ってください。

構えた位置で下半身で引き下ろしてきて、軸足を左に移してからクラブを振り抜いてやれば、体は確かに回ります。**「スイングは回転運動」といわれていますが、腰を回そうとする意識は必要ありません。体がターンするのは、クラブを振り抜いた後です。**

右足に体重が残る人は、右手を離して左手だけで振り抜いてみましょう。バックスイングは両手で、ダウンスイングで右手を離して左手だけで振り抜いていくと、後ろに下がるような動きはなくなり、左足に乗って伸び伸びと大きなフォロースルーをとることができます。

ダウンスイングに入る瞬間、右手でクラブヘッドをボールに振り戻そうとすると、左腰が引けて体重が後ろに残ります。綱引きをするときのように、下半身でクラブを引っ張るようにしてダウンスイングを始めれば自然に左足に乗っていけるのですが、右足を軸にして右手でクラブヘッドを早くボールに当てようとするとクラブが外から下りてきて左腰が引け、後ろに下がるような形になるのです。

ダウンスイングで右手を離し、左手だけで振り抜いた後は、右足を上げて左足一本で立つ練習をしてください。

34

左腰を引かずに振り抜く練習。

ダウンスイングで腰が引けて体重が右足に残る人は、極端なクローズドスタンスで練習してみましょう。左足のつま先を飛球方向に開かずに前に向け、右足を半歩後ろに下げて構えます。

右足を引くとバックスイングで肩が入りやすく、左足を前に出すことで左半身が開きにくい状態になっているので、ダウンスイングで腰が引けたり体重が右足に残ったりしなくなるのです。

歩きながら素振りをする方法もあります。右足を半歩出しながらバックスイングしたら、今度は左足を前に出しながら振り抜くのですが、右、左、右、左と足を交互に前に出しながらスイングし続けます。右足を半歩前に出しながらバックスイングすると右半身がしっかりして、体が緩まずによくねじれます。左足を前に出すとクローズドスタンスの状態になるので、振り抜いたときにフォロースルーをとると左の軸がしっかりします。

通常のスクエアスタンスをとり、両足のつま先だけを、ほんのわずか目標線に対して後方に動かしただけでも、バックスイングで肩が入りやすく、ダウンスイングで左半身が開きにくくなります。

両足を交差（左足は右足の前）させておいて振る方法もあります。左足を右足の前に出しておくと左半身がしっかりして開きにくくなるからです。

35

ダウンスイングでは、左足に体重を移してから体を回す。

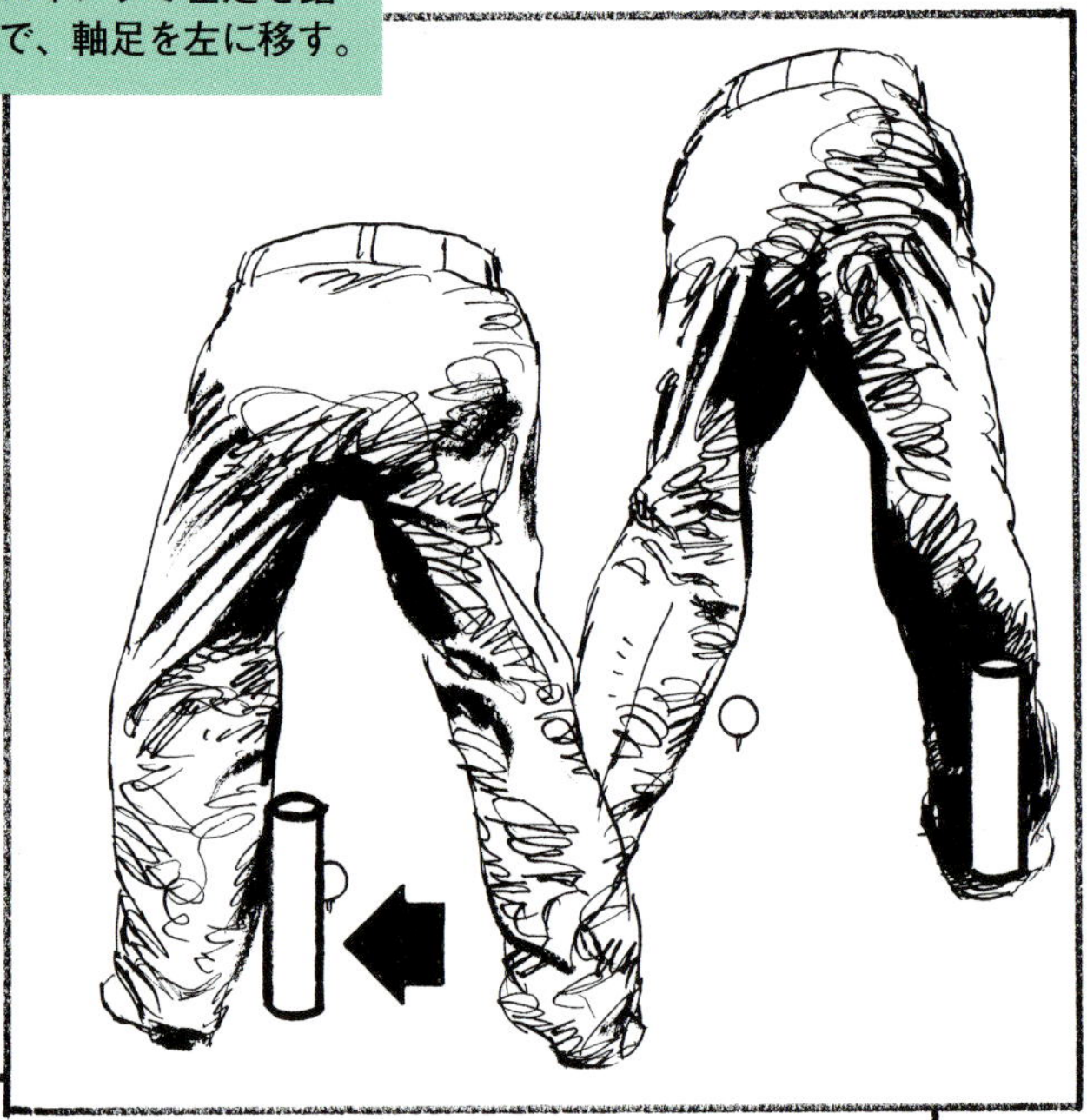
体重はバックスイングで右足に7：3、または8：2
ダウンスイングで左足を踏み込んで、軸足を左に移す。

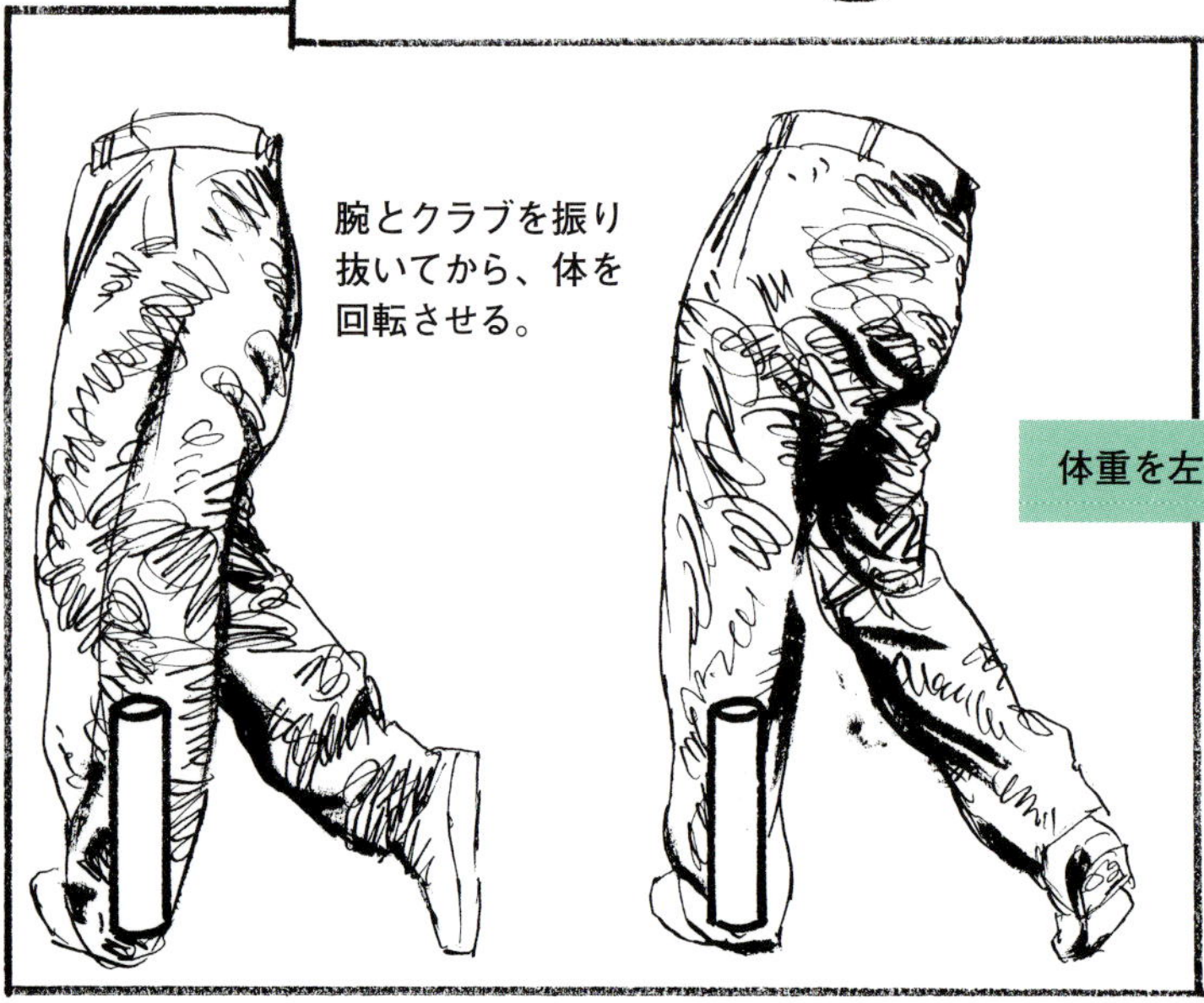
腕とクラブを振り抜いてから、体を回転させる。
体重を左に乗せる。

スイングは「体の捻転運動」であるといっても、ダウンスイングでいきなり体を回しているわけではありません。ダウンスイングで体を回す前にやらなければならないことがあります。

インパクトで左腰が引けて体重が後ろ（右足）に残る人は、ダウンスイングで腰や肩をいきなり回そうとしています。やるべきことを省いているから腰が後ろに引けて「明治の大砲」になるのです。

体を回す前にやるべきことは、「体重の移動」あるいは「軸足の移動」です。ダウンスイングは、「下半身から」、または「左腰から」といわれていま す。しかし、これは下半身を回したり左腰を回したりすることではありません。ダウンスイングで体を回そうとすると腰が引けて肩も開いてしまいます。

左足を踏み込んで、右から左へ軸足を移して腕とクラブを振り下ろしていきます。この時点では体はまだ回っていません。

アドレスで左右五分五分の体重は、バックスイングで7対3あるいは8対2ぐらいの比率で右足に乗っています。それがダウンスイングで左足を踏み込んで軸足を左に移すことによって、体重を左足に乗せてやるわけです。しっかり左足に乗って腕とクラブを振り下ろして、クラブを振り抜いてから体を回転させます。

これなら腰が引けたり体重が右に残ったりということは絶対にありません。**体重（軸足）移動、腕とクラブの振り下ろし、体の回転、という順序を守らずに、動きの順序が逆になると、腰が引けて体重が後ろに残ります。**

36

正しい体重移動を覚えるための、「ベースボール・ドリル」。

野球の一本足打法の要領。左足を右足に引き寄せ、右足一本でバックスイング。右足に体重を乗せたら、左足をアドレスの位置に戻しながら振り抜いていく。

左足を上げれば体重は右足に乗り、左足を踏み出してやれば左足に乗っていく。

正しい体重移動を覚える方法に「ベースボール・ドリル」があります。

通常のスタンスでボールに構え、野球の一本足打法の要領で、左足を右足に引き寄せ右足一本でバックスイングします。右足に体重を乗せたら、左足をアドレスの位置に戻しながら振り抜いていきます。これは「ベースボール（野球）ドリル」といって、正しい体重移動の仕方を体得するための練習法です。

この練習では、ダウンスイングで腰を引いたり、体重を右足に残したりすることはできません。左足を上げれば体重は右足に乗り、左足を踏み出してやれば左足に乗っていきます。この一本足打法で「ドラコン日本一」になったプロもいます。

このスイングで実際にボールを打ってみてください。左足を上げ下ろしすると軸が動くような気がしますが、**本当はバックスイングで右、フォロースルーで左と、頭はやや動くぐらいのほうがよいのです。**そうすれば体重の移動もうまくいくようになります。

ダウンスイングで腰が引けて体重が残る人は、バックスイングで頭を動かすまいとしてボールに向かっていくために左肩が落ち、そのために体重が左足にかかってしまっているのです。

バックスイングで左、ダウンスイングで右と、体重の移動が逆の動きになっているのです。そういう人はダウンスイングでいくら左に乗っていこうと思っても無理。その前にバックスイングで右足に体重を乗せて体をねじることが先決なのです。

37

バックで左足、フォローで右足を上げて、体重移動を体得する。

野球の一本足打法（ベースボール・ドリル）の次は、構えた位置で左足を上げたり下ろしたりしてボールを打ってみましょう。普通にスタンスをとって構えたら、その場でかかとだけでなく左足を全部上げてバックスイングします。

左足を右足に寄せながら上げると右足一本で立てるのに、構えた位置で左足を上げ、左側に寄りかかるようにしてバックスイングするとバランスがとれずに左側に体が倒れてしまいます。

左足を全部上げてバックスイングし、それで右足だけでバランスをとるには上体を少し右足のほうに動かすような感じが必要です。**実は左足をつけたままバックスイングするときも、上体を少し右足のほうに動かすような感じがないと左肩が入らず（回らず）、体重を右足に乗せることができないのです。**

それについては後で詳しく説明しますが、構えた位置で左足を上げてバックスイングしたとき、右足でバランスがとれるようにすることが大事なのです。そして左足を上げて右足に体重を乗せてバックスイングし、ダウンスイングで左足を戻したら、今度は右足を上げて振り抜いてみましょう。そのときは左足一本で立つようにします。

両足を地面につけておいてスイングするときも左足を軸にして右半身で振り抜いていきます。ダウンスイングで左ひざや腰を目標方向に動かすと左の軸が流れてしまうので、左の軸をしっかりさせておいて、左ひざの上で振り抜いていきます。

38

トップスイングでは、左肩から垂らしたクラブは右足の内側をさす。

バックスイングして上がり切ったところ（トップ）で止めて、左肩からクラブを垂らしてみてください。クラブはどのあたりをさしていますか。

ドライバーからショートアイアンまで全部のクラブが、右足の内側（親指側）をさしていれば合格。左肩がよく入って（回って）、体重は右足に乗ります。

トップスイングで左肩から垂らしたクラブがスタンスの真ん中から左足のほうをさしているときは、肩が回っておらず、体重は左足にかかっています。

体重はバックスイングで右に乗り、ダウンスイングからフォロースルーで左足に乗っていかなければならないのに、トップスイングで左足に体重がかかるとダウンスイングでは逆に右足にかかり、肩も回らず体が上下に動いているだけです。

ゴルフでは、「頭を動かしてはいけない」と最初にいわれるため、スタンスの真ん中に構えた頭をまったく動かさずにバックスイングしようとしている人が多いと思います。しかし頭を動かさずにバックスイングすると肩が回らず、体重を右足に乗せることもできません。

スタンスを揃えて（閉じて）構えていれば、構えた位置で頭を動かさずにバックスイングしても体重は右足に乗ります。ところがスタンスを広げた場合は頭をまったく動かさずにバックスイングして右足に体重を乗せることはまず無理です。スタンスを広げた分、バックスイングで頭を右足まで動かさないと肩が入らず、体重を右足に乗せることもできないのです。**チェックポイントはトップスイングで喉仏が右足の上にあること。左肩がよく入り、体重は右足に乗ります。**

39

首の後ろのつけ根を軸に、顔を少し後ろに向けてバックスイング。

肩を90度入れてやるには、顔をボールから少し後ろにそむけるようにして、バックスイングする。

止まっているボールを同じ方向に飛ばしてやるにはクラブヘッドの円軌道を常に一定にさせるための「回転軸」が必要です。「頭を動かすな」は「スイングの軸を動かすな」と同じ意味です。

しかしスイングするときは頭ではなく首の後ろのつけ根から背骨にかけて軸があると思ってください。軸は体の前ではなく背中にイメージしたほうがよいのです。

なぜなら頭を軸にすると顔を動かすまいとするからです。顔をボールに向けたまま、顔の向きをまったく変えずにバックスイングしようとするために、肩が回らないでいる人が多いのです。

トップスイングで左肩から垂らしたクラブが右足の内側をさしていなければならないと言いました。ボール（正面）に向けた顔の向きをまったく変えずにバックスイングするとそこまで左肩が入らない（回らない）のです。

肩を90度に入れてやるには、顔をボールから少し後ろにそむけるようにしてバックスイングします。

体重が右足に乗り、左肩が右足の内側まで入ってきます。頭を動かすまいとして顔をボールに向けたままバックスイングすると、左肩が落ち、体重は左足にかかります。トップスイングで左肩から垂らしたクラブは右足ではなく左足のほうをさします。

顔を少し後ろにそむけるようにしてバックスイングするとボールからやや離れるため、頭が動いているような感じがすると思います。しかし首の後ろのつけ根は動いていないのでまったく問題ありません。

40

太陽を背に、自分の影を見てバックスイング。

太陽を背にして構えると自分の影が体の前に映ります。その影を見ながらバックスイングしてみてください。正面に向けた顔の向きをまったく変えずにバックスイングした自分の影を見ると、頭が構えた位置より少し左に動いていることに気がつくはずです。

そうです、動かすまいとした頭が実は左に動いているのです。頭というよりは顔を軸にして、顔の向きをまったく変えずにバックスイングしようとするから頭が左に動き、肩が回らず、体重も右足に乗らないのです。

地面に映った頭の影を見ながら、顔を少し後ろにそむけるようにしてバックスイングしてみてください。どうでしょう、このほうが頭は動いていないのだということが、太陽を背にしてスイングするとよくわかります。

また、**背中に子どもをおんぶしているようなつもりでバックスイングしてみてください。**顔をボールに向けたまま、まったく動かさずにバックスイングすると、上体（背中）が伸び上がるのでおんぶした子どもはつかまっていられずに落ちてしまいます。背中の子どもを落とさないようにバックスイングするには、上体の前傾姿勢を保ってバックスイングし、頭を右足のほうに少し動かすような感じがあったほうがよいことがわかります。

口にくわえたティーを右足に向けてバックスイング。

ティーを口にくわえてバックスイングしてみてください。ティーを口の真ん中にくわえて正面に向けてバックスイングしたとき、ティーはどこを向いていますか。

正面に向けたままバックスイングすると左肩は入ってきません。また、ティーをボールのほう（左足のほう）に向けてバックスイングすると左肩が落ちて体が回らず、体重は左足にかかります。

口にくわえたティーを右足のほうに向けバックスイングすれば左肩が右足のほうに入り、トップスイングで左肩から垂らしたクラブは右足の内側をさし、喉仏は右足の上に乗っているはずです。これなら肩がよく回り、体重は右足に乗ります。

また、サンバイザーのひさしの向きでバックスイングをチェックすることもできます。サンバイザーをまぶかにかぶってひさしが目標線と平行になるように構えます。まぶかにかぶればボールに目をやっていてもひさしは見えているので、バックスイングしたときどこを向いているかわかります。

頭を動かすまいとしてサンバイザーのひさし正面に向けたまま、あるいはボールのほうに向けてバックスイングしようとすると左肩は入ってきません。ボールに向かって左肩が前のめりになり、体重は左足にかかります。

口にくわえたティーと同じようにサンバイザーのひさしも右足のほうに向けてバックスイングすると左肩がよく入り、体重は右足に乗ります。バックスイングの肩の入り方を目で確かめるために、あえてサンバイザーをかぶっているプロもいるくらいです。

42

あごを右後方に引き、左肩をあごの下に入れてバックスイング。

「ボールをよく見て」「ボールを目から離すな」というアドバイスがあります。では、バックスイングするとき、どのようにボールを見ていますか。

真正面からボールをジーッと凝視してバックスイングしようとすると、ボールに顔を近づけたくなり肩が回らず、体重を右足に乗せていくこともできません。**ボールはぼんやり見るようにして、むしろ、クラブヘッドを見るようにしたほうが緊張感が薄れ、スムーズに始動できます。**

真正面からボールを見てバックスイングすると肩が入らないので、クラブヘッドを目で追うようにしてテークバックし、右足の前を通過するあたりまで目で追うようにすると左肩が入ってきます。

右足の前あたりまでなら、クラブヘッドの動きを目で追ってもボールは視界に入っています。顔は40度ぐらい右を向きます。そうして左肩を入れてやるとトップスイングでボールから遠ざかるため、頭が動いているようで不安だという人もいると思います。

しかしそれでも視界からボールがはずれることはありません。左目でボールがやっと見えるぐらいのトップスイングがよいのです。

バックスイングを始めるとき、あごを後方に少し引いておいてから始動するのもよいでしょう。あごを引けばもちろん頭も多少右に回り、ボールから顔を少しそむけるようなかたちになります。そうしてあごの下に左肩を入れると肩は深く入ります。

ただしあごを後方に引くとき首を右に傾けないように注意してください。首は真っすぐに保っておくことが大事です。

43

頭を傾けて構えると、ショットも曲がる。

アドレスで頭（首）は右にも左にも傾けずに真っすぐ構えることが大事です。頭をどちらかに傾けて構えると、両目を結ぶラインが目標線と平行ではなくなるので、体の向きも違ってきて、フェースの向きやボールの位置も狂ってきます。

ボールを横から見ようとして頭を右に傾けると両目のラインが右を向くので目標線が左の方向にズレているように感じられ、目標に真っすぐに向けたクラブフェースが左を向いているように見えます。ボールの位置もだいぶ左に置いているように見えます。そのためボールを中に置き、バックスイングをインサイドに引き過ぎるためにショットを右に押し出したり、引っかけ気味のフックボールが出るのです。

左足寄りに置いたボールを真上からのぞき込むようにして構えると、今度は頭が左に傾きます。そうするとボールを外（左）に置いて左を向いて構えたくなり、右肩がかぶって左肩が開きます。上体を開いて構えるとバックスイングで肩が回らず、アウトサイドインの軌道でカットするので右に切れるスライスが多く、ヘッドが返ると左に引っかかることもあります。

目標線に体を平行に向けるには、両目を結ぶラインを平行にし、頭は右にも左にも傾けずに真っすぐ構えます。最初のうちは左に置いたボールを上から見ようとして上体が開き、経験を積んでくると今度はボールを横から見ようとして右を向く傾向があります。

クラブを頭上に振り上げて真っすぐ下ろしたところで、頭をどちらにも傾けずに真っすぐ構えるようにしましょう。

44

左右の親指で地面を抑えると、両ひざは自然に締まる。

右足の親指を立てるようにして、地面を抑えておく。

左足のつま先で地面を抑えておいて振り下ろしてくると、左ひざは自然に締まる。

軽くジャンプして着地したとき、両ひざは軽く左右に開きます。スイングするときも、これがいちばんバランスよく動ける構えです。

両ひざを内側にギュッと締めつけてはいけません。下半身を安定させようとして初めからひざを締めておくと、体をねじることができません。

ひざを締めると確かに下半身は安定しますが、スイングするときに大切なのは、動きの中のバランスです。静止だけならひざを固めてしまってもよいのですが、スイングは足を使って体をねじらなければならないので、初めからひざを締めてしまったら動きがとれなくなるのです。

ひざはショックアブソーバー（衝撃をやわらげる緩衝器）のような働きをしているので、柔軟性を持たせておく必要があるのです。

右足の親指で地面を抑えておいてバックスイングしてみてください。右足の内側で体のねじりを受け止め、右ひざは自然に締まります。

大事なのは右足の親指を立てるようにして地面を抑えておくことです。

これは振り抜くときの左ひざについても同じです。バックスイングで体をねじると左ひざは少し中に入ってきます。ダウンスイングで左ひざを構えた位置に戻すのですが、左足のつま先で地面を抑えておいて振り下ろしてくると左ひざは自然に締まります。左足のつま先で地面をつかむようにすると体の左サイドがしっかりするので、それを「左サイドの壁」といっているのです。

45

フォロースルーで飛ばすようなつもりで、最後まで振り切る練習。

ボールを飛ばすのはインパクトのヘッドスピードです。しかし、実際にスイングするとき、インパクトでスピードを出そうとしてボールを強く叩こうとすると、バックスイングで力が入ったり、トップスイングからダウンスイングに移るときのタイミングが早くなったりして、肝心のインパクトで力（スピード）が抜けてしまいます。

インパクトではなくフォロースルーの、右腕が伸びるあたりでヘッドスピードを出すようなつもりで振ってみます。**ヘッドスピードの頂点をインパクトではなくフォロースルーに持っていくのです。**フォロースルーでボールを打つような感覚です。

素振りをするとき、体の左側（フォロースルー）でビュンと音が出るように、とよくいわれます。インパクトでスピードを出そうとすると、その手前、つまり体の右側で音が出るはずです。左側で音を出すようなつもりで、フォロースルーでスピードを出す練習です。

目の前にボールがあると、どうしてもボールに向かってクラブを振っていきたくなり、強く叩きつけてしまうのです。

このとき、トップから右手で打ちにいかずに、左手でリードしないと振り切ることはできません。左手でリードして、右手はフォロースルーで使うようなつもりで振っていくと、ちょうどタイミングが合ってきます。

ボールをうまく打とうとしないで、最後まで振ってしまうことは、コースをラウンドするときに、とくに大切です。「曲げたくない」と思うと、ボールに当てにいってかえって曲がるからです。

ふだんから、最後まで振り切る練習をしておきましょう。

46

インパクト後は右手を離し、左手で振り抜くと軌道がよくなる。

「右手を離そうと思ってもうまく離せない」という人もいると思います。飛ばそうとすると思わず右手に力が入り、トップスイングから打ちにいきたくなります。右手を離そうと思ってもできないという人は右手で強く打ちにいっているからです。

クラブを右手の指で柔らかく持ち、左手でリードしている人は、インパクトの前でも後でも自由に右手を離し、左手だけで振り抜いていくことができます。素振りなら右手を離し、左手だけで振り抜けると思います。素振りから始め、**右手を離して実際にボールを打つ練習をすると、左手のリードがよくなり、伸び伸びと大きく振り切れて、スイングの軌道も一定してきます**。慣れてくると、右手を離したほうがボールは真っすぐ飛び、距離は少し落ちても方向性はよくなります。

両手の役割について、「左手はハンドル、右手はアクセル」と昔からいわれています。左手はハンドル、つまり方向をリードするのは主に左手の役割であるという意味ですが、それは右手を離して左手だけで振り抜いてみればよくわかります。

両手でスイングするときも、右手を離して左手だけで振り抜くときのように左手でリードすればよいのです。しかし、最後まで両手で持っていると、どうしても右手が強すぎたり早すぎたりして、ショットは曲がってしまいます。

飛ばすのは右手の役割であっても使い方を間違うとスイングの軌道が狂い、ヘッドスピードにブレーキをかけるような結果になります。右手を使いたいのを我慢して左手でリードしたほうが右手を有効に生かせるので、ショットは曲がらずに距離も出ます。

左肩、左手の動きに右手を合わせると、オーバースイングにならない。

右手だけでクラブを持ってバックスイングし、それに左手を持っていき、右手を戻してきたところがトップスイング。

クラブは左手でリードし、それに右手を合わせるとよく振り切れる。

まず右手だけでクラブを持ってバックスイングします。それに左手を持っていき、両手で持つには左手の動きに合わせて右手を戻すしかありません。そうして両手でクラブを持ったところが、トップスイングです。無理に左手を右手の動きに合わせようとするとオーバースイングになります。

右手一本でバックスイングするといくらでも上がりますが、左手はそんなに大きく上げることはできません。また右肩はいくらでも回せますが、左肩は90度ぐらいしか回らないからです。

したがって右手の動きに左手を合わせようとしたらどこかに無理が出ます。トップスイングで左ひじが折れたり左手首が外側に曲がったり、あるいは右腰が伸びて横（右）に動いたりしてオーバースイングになるのは、右手の動きに無理に左手を合わせようとするためです。

そこでバックスイングをするときは左手と左肩の動きに右手を合わせるようにしたほうがよいのです。**無理なく左手を上げられるところがその人のトップスイングだと思えばよいのです。それでも左肩は十分に入っています。**

今度は左手だけでクラブを持って振り抜いてみます。よく振り切れて、大きなスイングアークを描くことができます。

ところが右手は左手ほど大きく振り抜くことはできません。左手で振り抜いて、それに右手を持っていこうと思っても届きません。

しかしクラブを振り抜くときは左手でリードし、それに右手を合わせるようにすれば大きく振り切ることができます。

48

左足のつま先で地面をつかんでおくと、インパクトで左腰が引けない。

左サイドに壁ができる。

バックスイングでもダウンスイングでも、両足のつま先、とくに親指で地面をつかむようにする。

バックスイングでもダウンスイングでも両足のつま先（主に親指）で地面をつかむように（グリップ）してスイングするとひざが流れることもなく、両足の内側で体のねじりを受け止めておくことができます。

まず、右足の親指で地面をグリップするようにしてバックスイングすると右ひざも動かずに右足の内側で体のねじりを受け止めておくことができます。そうして体をねじると体重も右足に乗ります。しかし全部の体重が右足に乗るのではなく、トップスイングでは左足の親指でも体を支えておきます。**トップスイングで70パーセントぐらいの体重が右足に乗って、残りの30パーセントぐらいが左足のつま先にも残っている感覚です。**

そして左足のつま先で地面をつかんでおいてダウンスイングを始めます。バックスイングで上げた左足のかかとを元に戻すことによってダウンスイングを始めるのですが、そのとき左足のつま先で地面をつかんでいなかったら、つま先が大きく開いて左腰が引けてしまいます。

腰が引ければ左ひじも引けるので、クラブは外からきて、アウトインの軌道でカットしてスライスします。そこで右手でヘッドを返そうとして引っ張るような打ち方をすると、左に引っかかることもあります。そうすると体重が右足に残り、体が後ろに下がり「明治の大砲」のようなフィニッシュになります。

左足のつま先で地面をつかむようにしておくと、左ひざも流れずに自然に締まるので体の左サイドがしっかりします。つまり、左サイドに壁ができます。

ダウンスイングで左足のつま先で地面をグリップしておけば腰も引けなくなるので、左に体重が乗っていきます。左足のかかとに体重がかかるのはクラブを振り抜いてからです。

49

バックスイングで左足かかとを外に向けてヒールアップする。

アドレスで左足のつま先を少し開いておくのは、振り抜くときの体の回転を助けるためです。しかし、アベレージゴルファーの多くはダウンスイングで左足のつま先を目標方向にクルッと回してしまっています。アドレスのときではなく、インパクトで左足のつま先を大きく開いています。

ダウンスイングで腰を回そうとして、左足のつま先まで一緒に回してしまっているわけですが、腰が引けて後ろに下がるので体重が右足に残り、「明治の大砲」のようなフィニッシュになります。

これでは、後ろに下がりながらボールを遠くへ投げようとしているのと同じです。右手でボールを遠くへ投げるときは、必ず左足を踏み込んで、左足を軸にしてから腕を振ります。

左足を軸にして腕を振るのはスイングをするときも同じです。左足のつま先を大きく開いて腰を引いてしまったら左の軸が崩れてしまいます。クラブが外から来るアウトサイドインの軌道になり、カットしてスライスしたり、右手でヘッドを返そうとすると左に引っかかることもあります。これでは方向が定まらず、ボールを遠くへ飛ばすこともできません。

バックスイングでの左足かかとの上げ方（ヒールアップ）にコツがあります。**左かかとを、構えた位置よりやや外側（左）に向けるようにしてヒールアップします。そうすると左ひざが中に入って体もよくねじれます。**

そして左かかとを外に向けたまま下ろし、左足を軸にして振り抜いていきます。これなら左足のつま先は開かなくなります。

50

幅10センチのボードに乗って、つま先とかかとを地面につけずにスイング。

ゴルフスイングで何がいちばん大切かといったらバランスです。バランスが崩れるとスイングの軌道が一定しないので正確なショットはできません。

ではバランスとは何でしょう。幅10センチぐらいのボードに乗ってスイングするとよくわかります。ボードに乗ったらつま先とかかとを地面につけずに浮かしておいて、それでバランスをとってスイングしてください。

バランスを崩さずにスイングするにはまず構え方が大切です。アドレスの仕方については前に述べましたが、股関節から軽く前傾したらひざを少し前に出し、親指のつけ根のふくらみのある部分（母指丘）に体重を感じるようにします。そうすると肩から垂らしたクラブはひざの真ん中あたりを通って足の甲をさします。これがいちばんバランスのとれた構えです。

ボードに乗ったら、まず素振りをしてみてください。つま先もかかとも地面につけずにスイングすることはかなり難しいことに気がつくはずです。**つま先が地面につくようであれば前にバランスが崩れ、かかとがついたら体が起きて後ろにバランスを崩していることになります。**

10センチ幅のボードに乗って実際にスイングし、ボールを打ってみましょう。つま先もかかとも地面につけずに浮かした状態でバランスを保ってボールを打つことができれば合格です。

バックスイングで右、フォロースルーで左と体が多少横に動く分には大して問題はないのですが、前のめりになったり体が起きたりして体が少しでも前後に動くとすぐバランスが崩れ、ミスショットします。ボードに乗ってスイングすれば前後のバランスがどうなっているかすぐわかります。

51

スイングはフィニッシュでバランスを崩さないテンポ。

スイングのテンポ（速さ）は年齢、体力、体型、あるいは性格によっても違ってきます。若くて体力のある人はスピードが出せますが、非力な人はゆったりしたテンポのほうが正確で距離も出ます。では自分に合ったテンポはどうしたらわかるのでしょう。

一つの目安はフィニッシュでバランスをとれるかどうかです。

フィニッシュでバランスが崩れるようでは、スイングは速すぎると思ってよいでしょう。

ボールに当てにいかずに最後まで振り切って、それで初めはゆっくり、徐々にテンポを速めていってみてください。フィニッシュでバランスを崩さない範囲のスイングで、自分なりにいちばん正確で、飛距離も出るテンポというのがあるはずです。

「朝、最初の2～3ホールは7～8分目ぐらいのスイングがよい」とよくいわれます。ところが「下手にコントロールしようとするとかえってミスをする」という人も多いはずです。

目一杯振る練習しかやっていない人が、コースに出たときに、急に7～8分目のスイングをしようとしてもうまくいかないと思います。

ゆっくり振るとかえってミスするという人は、インパクトで加減しようとして最後まで振らないからです。振りを加減しようとしてボールに当てにいくからミスをするのです。

スローテンポで振る場合でも、最後まで振り切ることが大切です。ふだんから7分目ぐらいのテンポで最後まで振り切る練習をしておけば、コースに出たとき、まだ体がほぐれていないうちは7～8分目ぐらいのスイングができるようになります。

レッスン6

飛んで曲がらない
ドライバー

Driver

ドライバーほどボールを飛ばせるクラブはありません。ゴルフの魅力が凝縮されているといってもいいクラブです。ですから、飛距離があることは優越感にもなるのです。しかし、これはドライバーという道具が飛ばしてくれているのです。ですから、その仕組みと使い方さえ理解すれば、もっと飛ばすことも可能です。

52

オープンスタンスにならないように、左足のつま先を開いた分、右足を下げる。

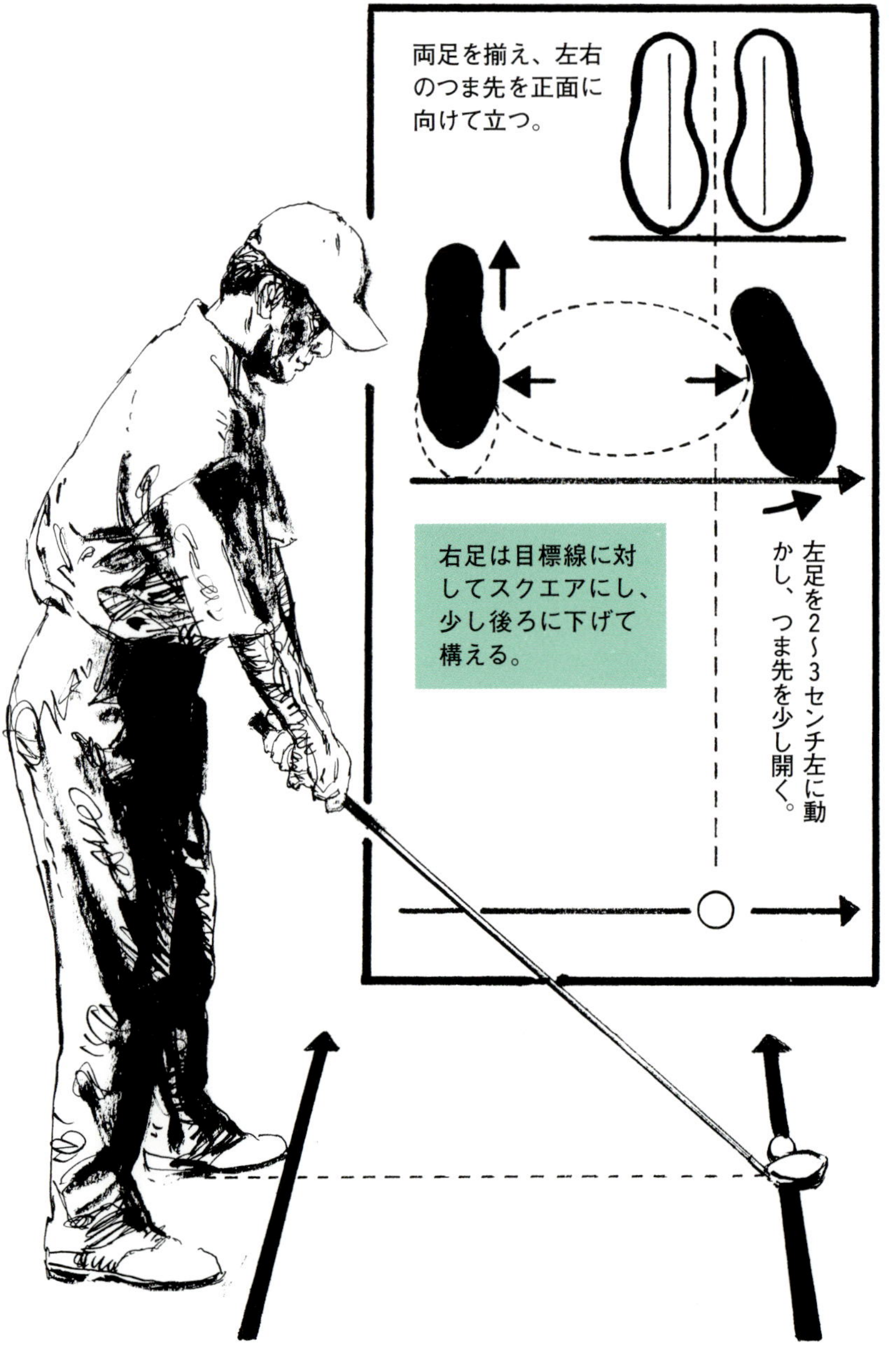
両足を揃え、左右のつま先を正面に向けて立つ。
右足は目標線に対してスクエアにし、少し後ろに下げて構える。
左足を2～3センチ左に動かし、つま先を少し開く。

両足を揃えて（閉じて）左右のつま先を正面に向けて立ちます。真ん中にボールを置いたら、まず左足を2～3センチ左に動かし、つま先を少し開きます。次に右足を右に広げて、両かかとの内側に両肩が入るぐらいのスタンス幅にします。

そのとき右足のつま先は開かずに正面に向けたままです。左足のつま先は目標方向にやや開いて、右足は目標線にほぼスクエア（直角）に向けます。これがもっとも標準的な足の構え方です。

バックスイングで体のねじりをしっかり受け止めるために右足は目標へ直角に向け、フォロースルーで体がターンしやすいように左足のつま先は少し開いておくのです。ただし両足のつま先を正面に向けて揃えておいても、左のつま先を少し開くとそれだけで両足のつま先のラインはやや左を向きます。**スタンスをスクエア（目標線と平行）にしたつもりでも、左足のつま先を少しでも開くとオープン気味のスタンスになるのです。**

そうするとバックスイングで左肩の入り方が浅くなるので、ダウンスイングで体の開きが早くなります。さらに、現在はドライバーのシャフトがだんだん長くなり、球離れの早い金属のヘッド（主にチタン合金）が使われるようになったことで、スライスしやすくなっています。

つまり、オープン気味に構えると今のドライバーではスライスが出やすいので、左のつま先を開いた分右足を少し後ろに下げて、スタンスがオープンにならないようにするとよいでしょう。右足を少し後ろに下げて（引いて）構えることでスタンスはややクローズ気味になります。それで両ひざが平行になるように揃えて構えると、バックスイングで肩がよく入り、振り抜くときに左サイドがしっかりして壁ができるので、スライスしにくくなります。

53

首のつけ根を軸に首にバックスイングし、首に巻きつけるように振り切る。

左手を、右肩と右耳の間に
向かってバックスイング。

右手を、左肩と左耳の間に
向かってフォロースルー。

スイングは首のつけ根を中心とした円運動です。首の後ろ側のつけ根から背骨を軸にして体を捻転し、首のつけ根を中心に腕を振ることによってクラブヘッドで円を描きます。ボールを打つということは、円軌道の中でボールをとらえているわけです。

首の後ろ側のつけ根を中心に腕を振ってみてください。首に向かってバックスイングし、首に向かってフォロースルーをとるのです。

首のつけ根を中心に、左手を首に向かって、右肩と右耳の間に向かってバックスイングすると、肩を回そうと思わなくても腕に引っ張られるようにして左肩は入ってきます。同じように今度は右手を首に向かって、左肩と左耳の間に向かって振ってやると右肩がついてきます。

そうして首のつけ根を中心にスイングしてクラブヘッドで円を描き、その途中にボールがあってインパクトがあると考えてください。首のつけ根からボールまでの距離（間隔）が変わらなければ円軌道の中で正確にボールをとらえることができます。

ボールを中心にスイングしようとすると体が回らず、クラブを振り切ることもできません。バックスイングで左肩が回らずに体重が左足にかかる人が多いのは、ボールを中心にスイングしようとしているからです。ボールに向かってクラブを振ってやろうとするから振り切れず、体重が右足に残ったままボールに当てるだけで終わってしまうのです。

ボールではなく首に向かって振ってやろうと思えば力も入らずに、クラブはよく振り切れて体も回るようになります。ボールにうまく当てようとするより、このほうがショットは曲がらず距離もよく出ます。

54

首に向かって振り切る練習で、オーバースイングを直す。

バックスイングでクラブを大きく振りかぶって、トップスイングで、左ひじが折れ曲がったり、クラブが垂れ下がったりするのをオーバースイングといっています。

オーバースイングを指摘されると、バックスイングを小さくしようとする人が多いと思います。しかしボールに向かってクラブを振って、ボールを力いっぱい叩いて飛ばそうとしているうちはオーバースイングは直りません。

大切なのはボールに対してではなく、首に向かって振ってやることです。そうしてインパクトで力を入れようとしないで、フォロースルーでヘッドスピードを出すようにするのです。そうするとバックスイングはだんだん小さくなっていきます。

オーバースイングを直すには、バックスイングは気にしないで、フォロースルーを意識したほうがよいのです。インパクトの強さではなくフォロースルーで飛ばすようにすると、オーバースイングは直そうと思わなくても自然に解消します。

ハーフスイングのバックスイングで首に向かって振り切る練習をしてみてください。左腕が地面と水平になるあたりがハーフスイングのバックスイングです。右肩より低い位置から首に向かって振ってやる練習です。

ボールに向かって振ってやろうとすると、半分のバックスイングで振ろうと思っても大きく上がってしまいます。下に置いたボールを打つのではなく、首のあたりでインパクトするようなつもりで振るのです。そういう練習を続けていると、バックスイングはだんだん小さくなっていきます。

55

チタンヘッドのドライバーは、左手をかぶせてアッパーブロー。

木製のパーシモンヘッドに比べると、金属製のチタンヘッドはインパクトの「球離れ」が早いのが特徴です。ヒットすると同時にボールは飛び出していくため、ボールに当たった瞬間のフェースの向きでショットの方向が決まってしまいます。

パーシモンのドライバーは、当たった瞬間にボールがややつぶれ、離れていくときのフェースの向きでショットの方向が決まりました。パーシモンヘッドに比べてチタンヘッドはフックがかかりにくいのは、球離れが早いからです。

最近は球の弾きをよくして飛ばすため、フェース面を薄くした高反発のチタンヘッドドライバーが普及しています。そうなると球離れはさらに早くなるので、**ティーアップを低くして上からぶつけるような打ち方をすると、スライスしてボールは右に切れていきます。**

このためチタンヘッドのドライバーはティーアップを高めにし、アッパーブロー気味に、スイングアークの上がり際でボールをとらえるようにしたほうがスライスしにくく飛距離も出ます。ダウンスイングで下りてきたクラブヘッドは最下点に到達した後、また上昇していくわけですが、スイングアークの最下点を過ぎてスイングが上昇に移ったときにボールをヒットするのがアッパーブロー（アセンディングブロー＝上昇打）です。

グリップもいつもより左手を右に回して深く握ったストロンググリップがよいでしょう。プロの間でも左手をかぶせたグリップが多くなっているのは、チタンヘッドのドライバーでツーピースボールを使うようになったからです。

56

左手をかぶせてグリップしても、手を前に構えるとスライスする。

クラブを体の外に出して構えると、左手が引けてフェースが開きスライスする。

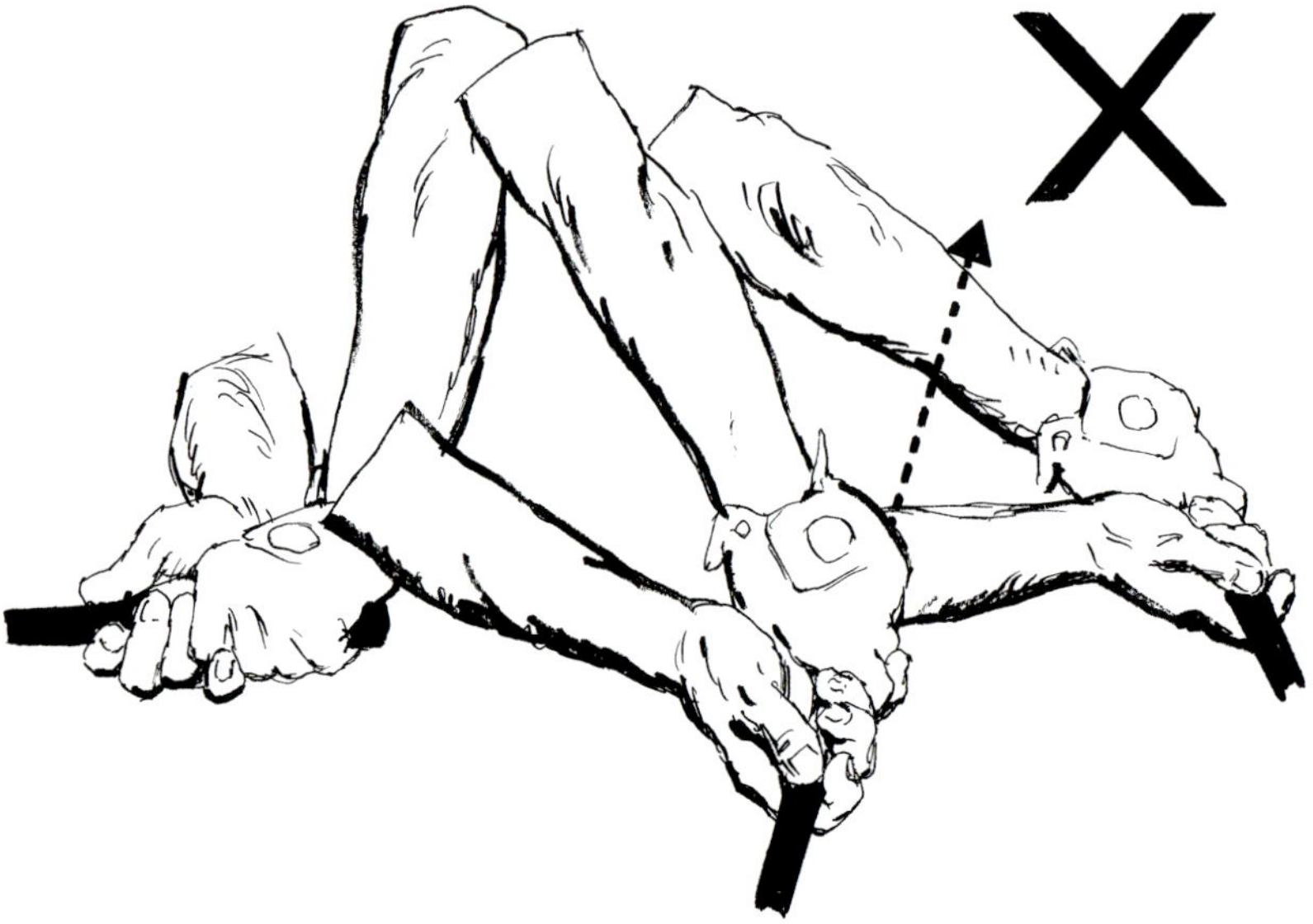

左わきを体につけて、体の中に構える。グリップエンドは、ヘソのあたりをさす。

左手を右に回してかぶせてグリップしても、体の外（左）に出して構えるとインパクトのときにフェースが開いてきてヘッドが返らずスライスします。体の左側でグリップしたら、そのまま手を体の中に入れて構えます。

そして、右手のひらをクラブと握手するようなつもりで横からあてがってグリップし、手のひらを目標方向に向けるようにします。左手をかぶせてグリップしても、右手のひらを上に向けて握り、そのまま手を左に出してインパクトすると、フェースが開いて当たるので、ボールは右に飛んでいきます。かといって右手を返すと球が上がらずに低く左に曲がるボール（ダッグフック）が出ます。

左手を右に回してグリップし、右手のひらをクラブフェースだと思って目標に向けてください。そして左わきを体につけて左手を中に構えて、グリップエンドをヘソのあたりに向けます。

手を体の左に構えると、右ひじが伸びて左ひじが引け、右肩がかぶって左肩が開きます。左足かかとの前に置いたボールを真上からのぞき込むような構えになるので、上体が開いてしまうのです。

これではバックスイングで左肩が入らず、体をねじる（回す）ことはできません。ボールを真上から見て、それで頭を動かさずにバックスイングしようとすると左肩が落ちるので体重は左足にかかります。このためダウンスイングで腰が引けて体重が右足に残り、カットしてボールは右に切れていったり、右手を返してしまって左に引っかかったりすることがあります。手を中に入れて、頭はボールの後ろに構えましょう。

57

ティーアップを高くし、クラブヘッドをボールの後方に離して構える。

クラブヘッドをボールの10センチ後方に離して構える。体重は6：4で、右足にかかる。

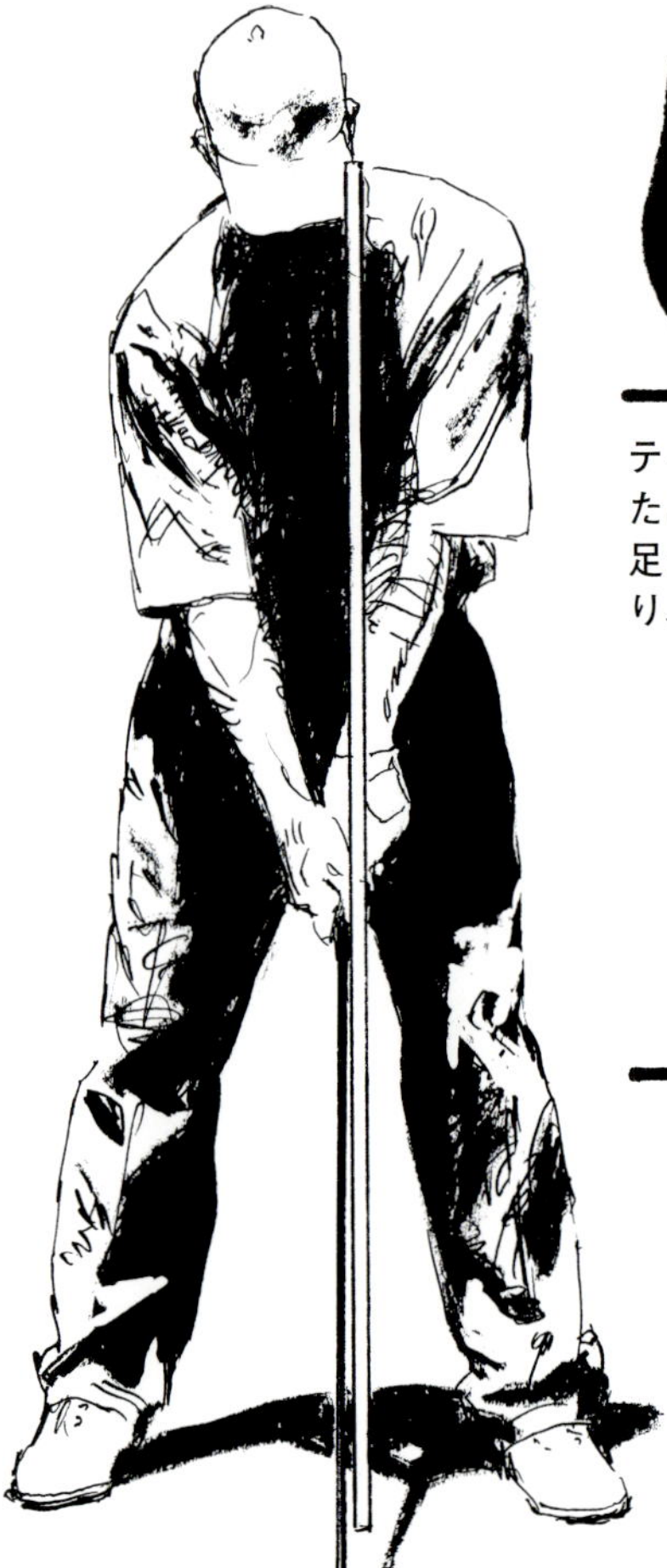

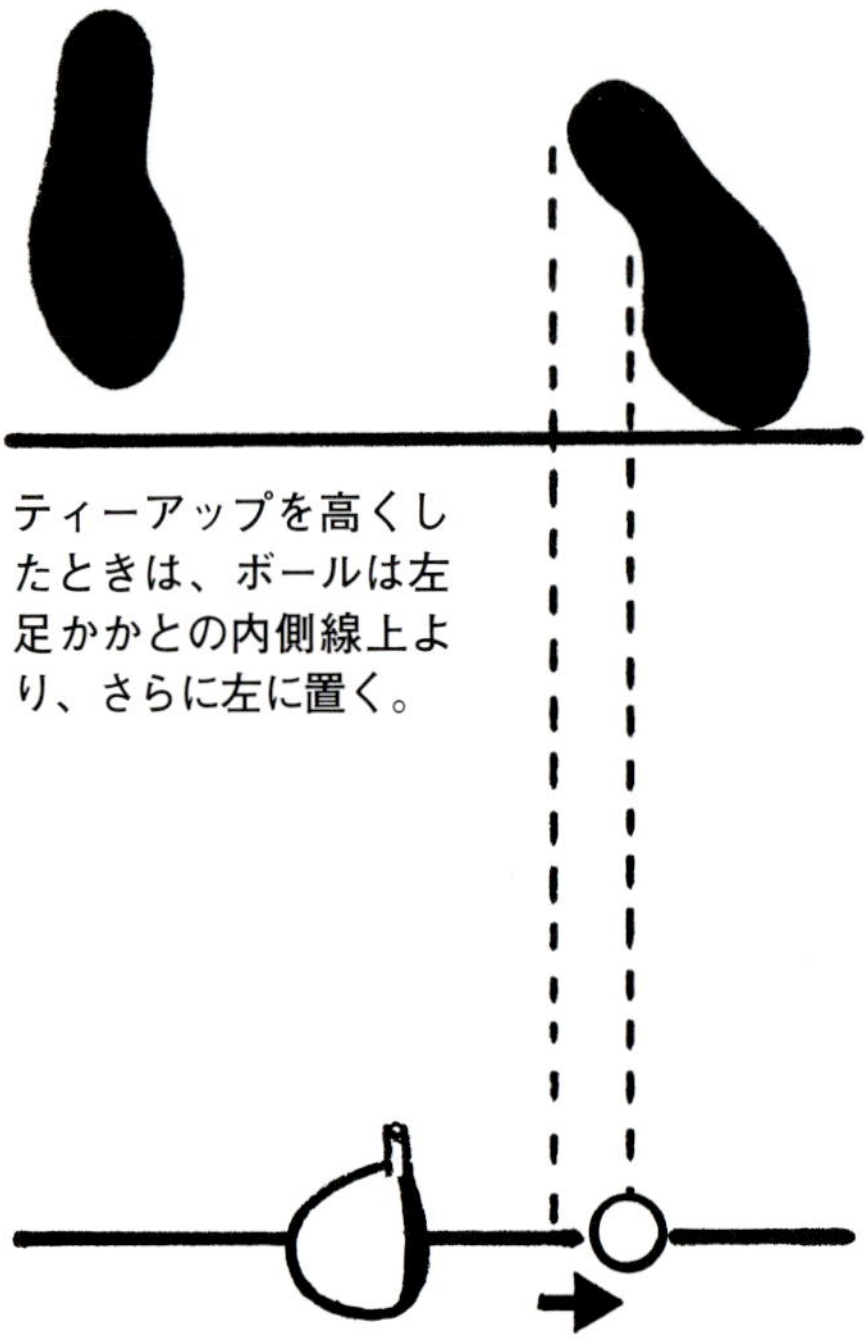

ティーアップを高くしたときは、ボールは左足かかとの内側線上より、さらに左に置く。

チタンドライバーをアッパーブローに打つには、ティーを通常よりさらに高めにする。

今のドライバー（チタンヘッド）は球離れが早いのでティーアップを高めにし、アッパーブローに打ちます。クラブを構えたとき、ボールの上半分がヘッドから出るぐらいのティーアップが標準的な高さだといわれていますが、それよりもう少し高くします。

ただしティーアップを高くして、ダウンスイングで上体を左に動かして上からぶつけるような打ち方をすると、ヘッドがボールの下に入るのでフェースの上端に当たり、ボールが高々と上がる、俗にいうテンプラボールが出ます。

ドライバーのボール位置は「左足かかとの内側線上」が基準です。ボールをスタンスの中に置くと、アッパーブローに打つことはできません。ティーアップを高くしてスイングアークの上がり際で打つには、左足かかとよりボール1個ぐらい左（土踏まずの前）でもよいでしょう。

その位置を決め、ティーアップを高めにしたら、クラブヘッドをボールの10センチ近く後方に離し、スタンスの真ん中にヘッドを構えるのです。そして頭がヘッドより前（左）に出ないようにします。

そうすれば頭は自然にボールの後ろにきて、体重は6対4ぐらいの割合で右足にかかります。頭はスタンスの真ん中よりはやや右足寄りに位置し、左耳から垂らしたクラブがスタンスの真ん中をさす、アッパーブローの構えです。

左手をかぶせてグリップし、頭をやや右足寄りに構えるとバックスイングで肩がよく入ります。トップスイングで左肩から垂らしたクラブが右足の親指をさすようにしましょう。

58

頭をボールの後ろに残し、スイングアークの上がり際でインパクトする。

スイングアークの上がり際でボールをとらえる。

ボールの10センチ後方に構えたヘッドの位置がスイングアークの最下点だと思ってスイングする。

インパクトでは、飛行機の離陸をイメージする。

ティーアップを高くし、ボールから後方にクラブヘッドを離して構えたら、そこでボールを打つようなつもりでスイングしてみましょう。ヘッドを構えたところをスイングアークの最下点だと思ってスイングすると、頭もボールの後ろに残り、スイングアークの上がり際でアッパーブローにボールをとらえることができます。

ダウンスイングで下りてきたクラブヘッドが、スイングアークの最下点を過ぎ、ヘッドが再び上昇しようとするところでボールをとらえるには、飛行機が離陸するときの様子をイメージするのもよいでしょう。クラブヘッドが低い位置からボールに向かって走り出し、飛行機が離陸する瞬間にボールをとらえるようなイメージです。

そのためには、スイングの軸をボールの後ろに残しておくことが大切です。トップスイングで左肩から垂らしたクラブが右足の親指をさすのがよいといいましたが、ダウンスイングに入るとき上体を左に動かしてしまうと、スイングアークの上がり際でボールをとらえることはできません。

アッパーブローのインパクトをイメージし、頭を真ん中よりもやや右足寄りに構えると、左半身より右肩のほうがやや低くなります。体重は6対4ぐらいの割合で右足にかかるので、インパクトでも少し右足に体重を残しておくような感じです。そうするとダウンスイングで上体が左に出ずに、頭をボールの後ろに残しておくことができます。

左足を踏み出すようにしてダウンスイングを始めるわけですが、**アッパーブローに打つにはダウンスイングで体重を左足に乗せようとしないで、インパクトではまだ右足に残しておくぐらいのほうがよいのです。**

59

体をきちんと回すには、左足かかとも上がるのが自然な動作。

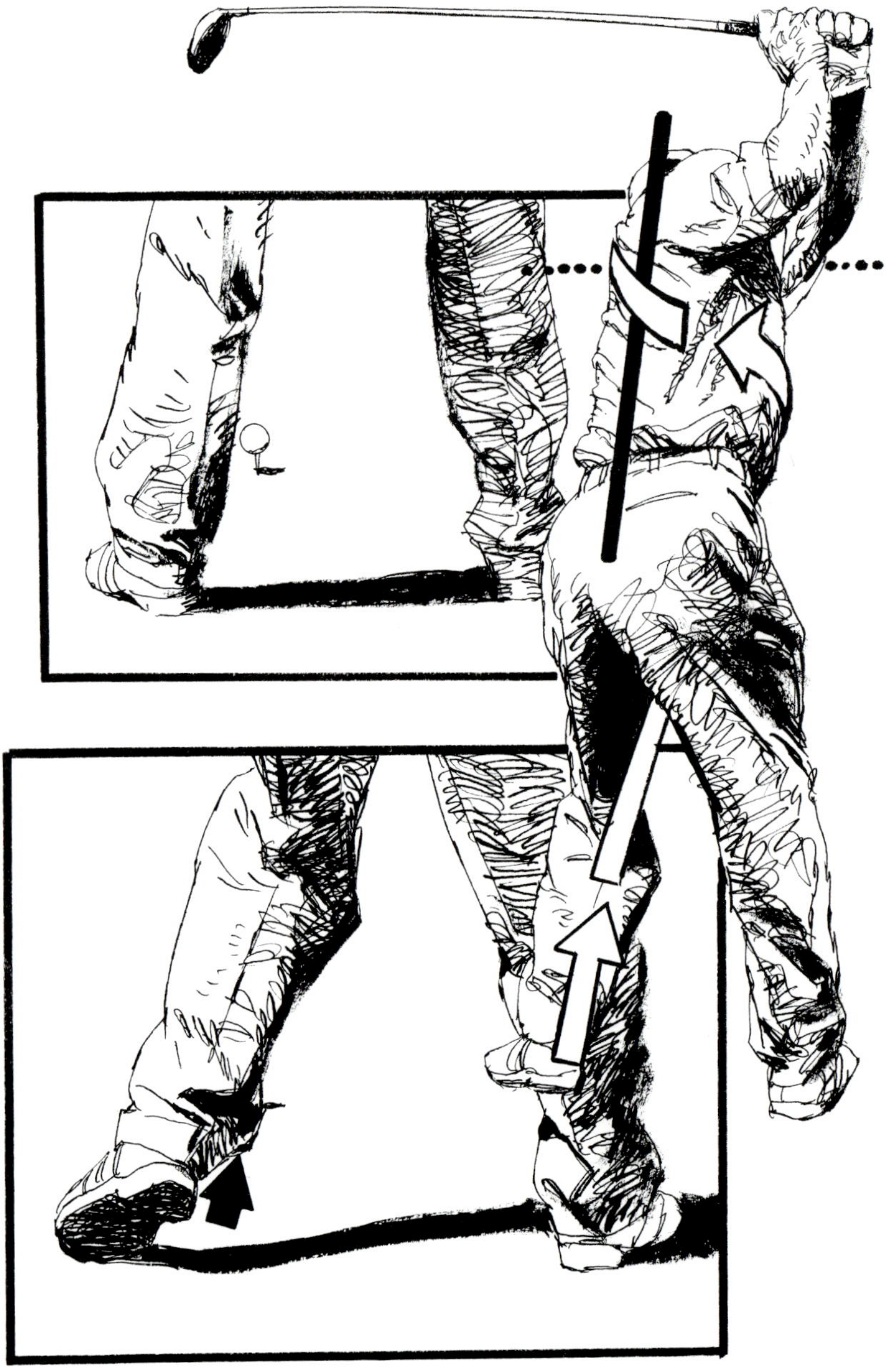

バックスイングでは、体のねじりに引っ張られるようにして左足かかとも上がる。

「アイアンは打てるけれどドライバーが苦手」という人は、たいがいバックスイングで体が回らず、手でクラブを持ち上げています。ロングアイアンは別として、ミドルアイアン、ショートアイアンとクラブ（シャフト）が短くなればバックスイングが浅くても振り遅れることはなく、ロフトが大きくなれば手だけで打っても球がつかまり、ボールも上がります。

ところがドライバーはチタンヘッドに変わり、ヘッドもシャフトも軽くなって振りやすくなったとはいっても、**クラブが長くなると手だけでは打てません。バックスイングでしっかりと体をねじらないと、正確にボールをとらえることはできません。**チタンヘッドは球離れが早くスライスしやすいので、バックスイングで体をねじることが、とくに大切です。

また、体を回さずに手だけで持ち上げている人は、左足のかかとをまったく上げずにバックスイングしようとしています。左足かかとをつけたまま体をねじることは、一般のアマチュアゴルファーにはまず無理です。トップで左肩が落ちて体重が左足にかかるのは、左足かかとを上げずにべた足の状態でバックスイングしているためです。

バックスイングで左肩をボールの後ろまで入れてやるには、腰もある程度入れてやらないといけないので、体のねじりに引っ張られるようにして左足かかとも上がるのが、むしろ自然な動作です。

60

トップから振り抜く練習をすると、どこに上げたらよいのかわかってくる。

「トップスイングの位置がわからない」という人がいます。練習をするときも、トップの位置をあれこれ気にしながら打っている人をよく見かけます。

バックスイングは、首に向かってクラブを振り抜いてやるための、いわば「助走」のようなものです。

ところがそうしたバックスイングの目的を忘れ、バックスイングのためのバックスイングをしているといった感じの人が少なくありません。トップの位置がわからないというのは、バックスイングの目的を忘れているからです。だからバックスイングで力も入るのです。首に向かってクラブを振り切ってやるにはどこにバックスイングしたらよいのか、と考えるべきです。

バックスイングしないで、初めからトップスイングの位置で構えておいて、そこからフィニッシュに向かって振る練習をしてみてください。トップの位置からビュンビュン振ってみるのです。

トップの位置が高すぎても低すぎても、外側すぎても内側すぎても振りにくく、あまりスピードを出すことはできません。そうしてトップから連続的に振っていると、いちばん振りやすい位置、スピードを出せる位置がわかってきます。その位置がその人にとってもっとも理想的なトップスイングということになります。

トップの位置に構えておいて、そこから振ると、ダウンスイングに入るときの体の使い方もわかってきて、自然に左足や左腰から始動できます。トップから打ちにくい人はいないはずです。

大切なのはどう振り下ろすかです。それがわかればおのずとトップの位置も決まってきます。

61

フォロースルーから逆方向にスイングすると、トップの位置が一定する。

バックスイングの終点が、トップスイングだと思っていませんか。そうではなく、本当はトップはダウンスイングの出発点だと考えるべきです。

バックスイングの終点と考えるから、「どこに上げようか」「トップの位置がわからない」ということになるのです。ダウンスイングの出発点だと思えば、ダウンスイングのためのバックスイングができるようになります。

世界の一流プレーヤーを見てもバックスイングはみんな違います。けれどもダウンスイングからインパクトに入るときの体の使い方や腕の振り方はみんな同じです。

トップの位置は違っていてもインパクトは同じなのです。だから正確なショットができるのです。トップスイングでボールを打っているわけではありません。ボールを打つのはあくまでインパクトです。

フィニッシュからトップスイングに向かって逆に振ってみる方法もあります。小さくバックスイングして首に巻きつけるようなつもりで振り抜いてやったら、そこから逆方向にスイングして上がり切ったところがトップスイングです。そうすれば「トップの位置がわからない」なんていうことはなくなります。

アドレスしたら、そこから1メートルぐらいフォロースルーを出してからバックスイングしてみるのもよいでしょう。ボールの上にクラブを浮かせて構え、1メートルほどヘッドを飛球方向に出してからバックスイングして実際にボールを打ってみてください。スムーズにバックスイングでき、トップの位置も一定します。

インパクトのときの手の位置は、アドレスのときと変わらない。胸は正面を向き、何よりも頭がボールの後ろ、右足のほうに残っている。

右足の前のボールを打つ感じでスイングすると、頭が後ろに残る。

「インパクトはアドレスの再現」とよくいわれます。

もちろんまったく同じというわけではありません。アドレスと違ってインパクトでは下半身が動き出し、腰もやや開いています。

しかし、体のほぼ正面に構えてグリップエンドをヘソのあたりに向けた手の位置は、インパクトでもほとんど変わらず、胸も正面を向いています。そして何よりも頭がボールの後ろ、右足のほうに残っています。上半身はアドレスとほとんど同じような感覚でボールをとらえています。

ところがスライスしたり、左に引っかけるようなボールを打っている人は、ダウンスイングで上体が左に動いています。そのために右肩がかぶってクラブが飛球線の外から下りてきています。

頭をアドレスの位置に残し、ダウンスイングを腰から巻き戻せばクラブは飛球線の内側から下りてくるのですが、頭が左に動くと上体が開いてクラブは外からボールに向かいます。クラブヘッドが外から内に、アウトサイドインの軌道で飛球線を交差してボールに当たります。

それでフェースが開いて当たればスライスしてボールは右に曲がり、フェースがかぶって当たると左に引っかけ球（プルボール）が出るのです。

ダウンスイングで頭が左に動くのは、左足かかとの前に置いたボールを打ちにいって上体が出ていくためです。

右足の前にもう一つボールがあると思って、それを打つようなつもりでスイングしてみてください。左かかとの前のボールは無視して、右足の前でインパクトするようなつもりで振ってみるのです。そうすると頭が後ろに残るので上体が出ていかなくなり、左かかとの前のボールをアッパーブロー気味に打てるようになります。

思い切って目標の左に振ると真っすぐ飛ぶ。

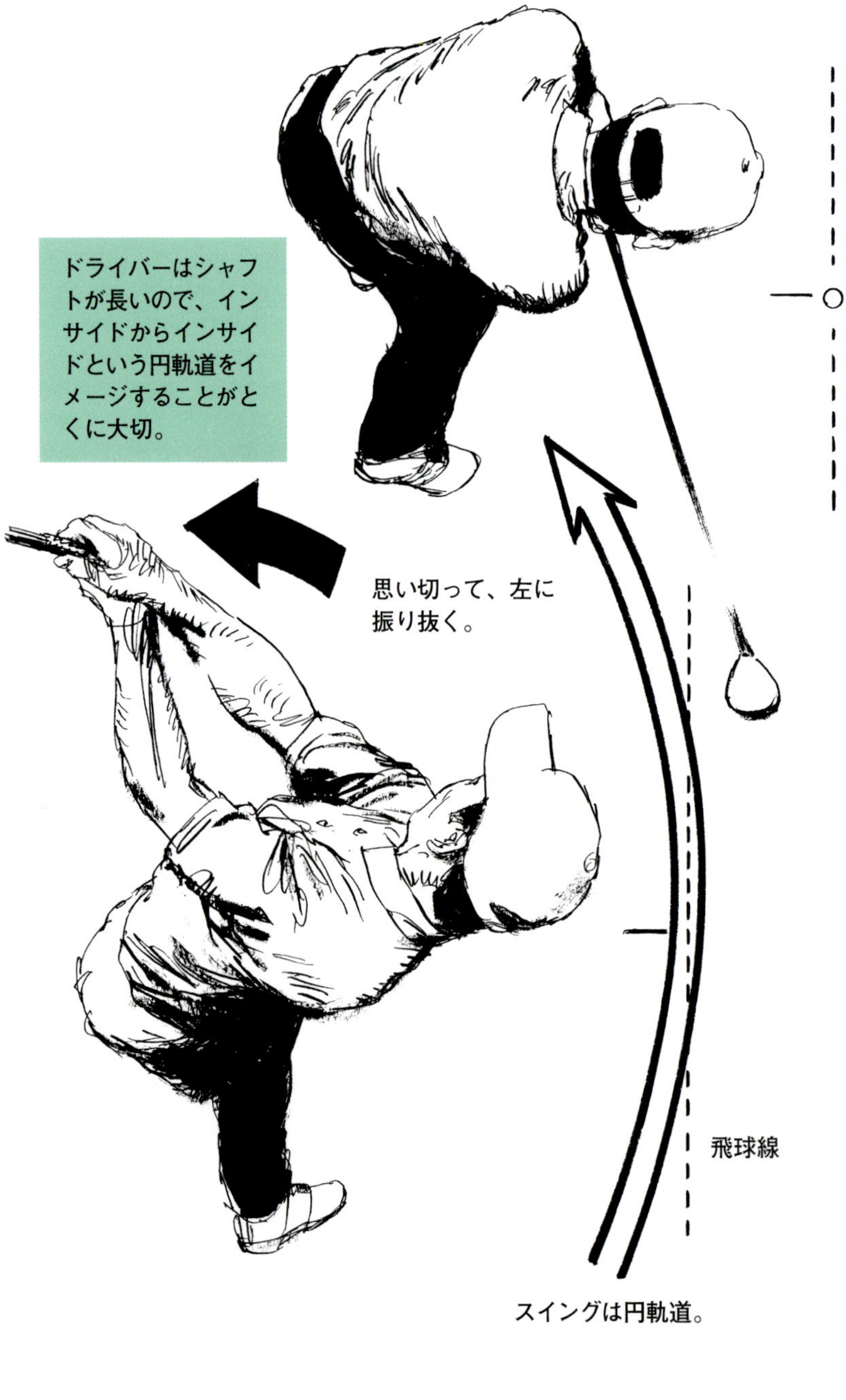
ドライバーはシャフトが長いので、インサイドからインサイドという円軌道をイメージすることがとくに大切。
思い切って、左に振り抜く。
飛球線
スイングは円軌道。

クラブの中でドライバーがいちばんシャフトが長いので、インサイドからインサイドへ円軌道をイメージすることがとくに大切です。だから振り抜くときは体も横に回し、目標線のかなり左に振ってやらないとボールを真っすぐ飛ばすことはできません。

アドレスしたら、体と手の間隔を変えずに一緒にゆっくり左に回してみてください。そうするとクラブヘッドは飛球線の内側に入ってきます。フェースも左を向きます。

多くの人が目標線上にヘッドを真っすぐ振ってやりたくなり、クラブを目標の左方向に振り抜くと、ボールも左に飛んでいくような気がすると思います。あるいはカットしてスライスしそうだという人もいると思います。

しかし、スイングは円運動なので、ヘッドを真っすぐ出してやるとかえってボールは曲がり、右に押し出したり左に引っかけたりします。

左に振ってやったほうが真っすぐ飛んでいくのだということと、スイングの軌道と飛球方向の関係を理解することが大切です。

左に振れば体も回り、体重が左足に乗っていきます。後ろに下がるようにして体重が右足に残り、「明治の大砲」のようなフィニッシュになるのは目標へ真っすぐヘッドを出そうとしているためです。そのために体が回らず、後ろに下がるような形になるのです。

また、左に振ってやれば、腰も肩も平らにターンするのでフィニッシュで両肩が入れかわり、体重は意識しなくても左足に乗っていきます。体が左に回るから体重も左足に乗っていくのです。

64

両肩が足の甲の上部にくれば、体の向きは目標線と平行になる。

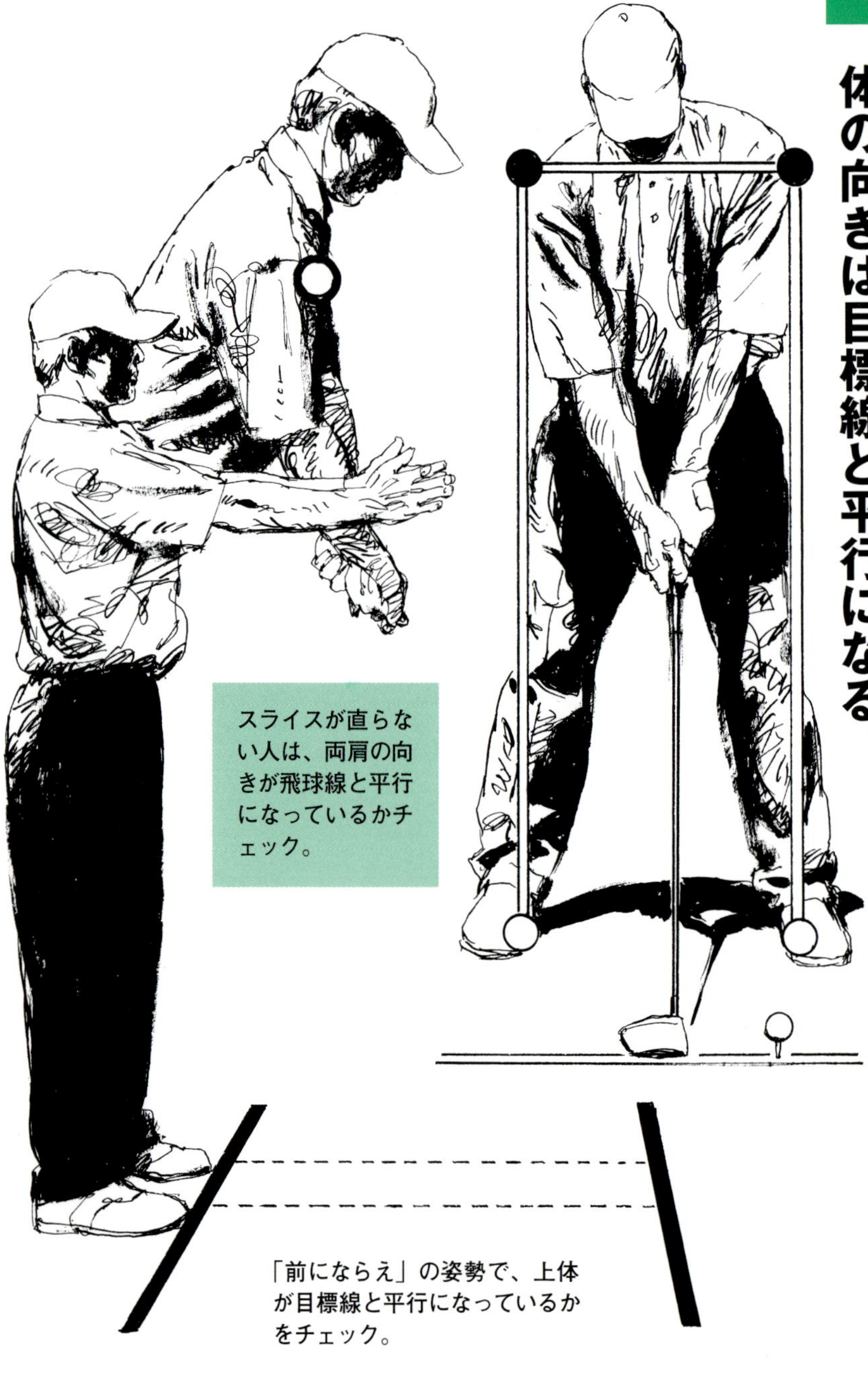

スライスが直らない人は、両肩の向きが飛球線と平行になっているかチェック。

「前にならえ」の姿勢で、上体が目標線と平行になっているかをチェック。

スライスがなかなか直らないという人はまずアドレスのチェックから始めましょう。スライスする人は左に打ってやろうとしているうちにだんだん上体を開く傾向があります。右肩がかぶって左肩を開いている人が多いのですが、そうするとバックスイングが浅くなり、ダウンスイングで上体が早く開いてしまいます。そのためにクラブが外からきてアウトサイドインの軌道でカットしてスライスするのです。スタンスの向きがよくても、上体が開いているとスライスだけでなく、左に引っぱるミスも出ます。

両足のつま先にクラブをあてがってみればスタンスの向きを自分でチェックできますが、意外とわかりにくいのが肩の向きです。

ショットの方向は両肩の向きで左右されます。アドレスしたとき、両足の甲の上に両肩があれば上体も飛球線と平行に向いています。アドレスして肩から垂らしたクラブが足の甲をさしていればよいのです。

飛球線と直角な線をイメージし、それに対して両手を伸ばし、「前へならえ」の姿勢をとると上体は目標線と平行になります。目の前に飛球線と直角な線をイメージすると、スイングに集中できるというメリットもあります。

ボールから1メートルぐらい先の飛球線上に何か目印になるものを見つけ、それに対してフェースをスクエア（直角）に合わせ、スタンスを平行にとるのがよいといわれています。しかしそれより「前へならえ」のほうが体は平行に構えられます。

65

フェースを左に向けると、ボールはかえって右に切れる。

ウッドのなかでドライバーがいちばんロフトが立っているので球がつかまりにくく、シャフトも長いのでスライスしやすいクラブです。インパクトでクラブフェースが開いて当たればスライスしてボールは目標より右に切れていきます。

ボールが右に曲がるのを防ごうとしてフェースを目標の左に向けて構えている人がいます。フェースを左に向けておけば、ボールは右にはいかないだろうと思っているようです。しかしフェースを左に向けておいて、そのまま戻してくると、フェースが閉じて当たるのでボールは上がらず、低く左方向に飛び出していきます。

左に向けて閉じておいたフェースをスクエアに戻そうと思うと、今度は逆に開こうという意識が働きます。これではヘッドを返せないのでフェースが開いてきてかえってスライスします。

スライスするのは、ダウンスイングで遅れてきたヘッドが、インパクトの後で返っていないからです。ヘッドの返しを覚えるには、むしろフェースはやや右に向けておいて練習したほうがよいのです。

フェースを右に向けておいて、そのまま戻してくれば開いて当たり、ボールは右に曲がるのがわかっているので一生懸命ヘッドを返そうとします。ヘッドを返そうとすればヘッドスピードも出てきます。

スライス系のボールを持ち球にしているプロはたいがいフェースをやや左に向けて構えています。それでシャット（かぶせる）気味に上げておいて体でリードしてきます。

逆にフック系の球を打っているプロは、目標のやや右方向にフェースを向けておいてヘッドを返してやります。そうしてヘッドを返せばボールは右から左に戻ってきます。ダウンスイングで遅れてきたヘッドを返してやろうとすれば振りがシャープになるので飛距離も伸びてきます。

レッスン 7

フェアウエーから飛ばす

フェアウエーウッド

Fairway Wood

ティーショットの次の、中継ぎ用のクラブがフェアウエークラブです。次のショットにつなげるための3番、4番あたりは、グリーンをとらえるために正確さが必要です。5番以下はラフからも使えるのでアマチュアにとっては大事なクラブであり、技術も必要です。また、3番の練習をすると、ドライバーもうまくなります。

66

フェアウエーウッドは、ソールをすべらせてボールを上げる。

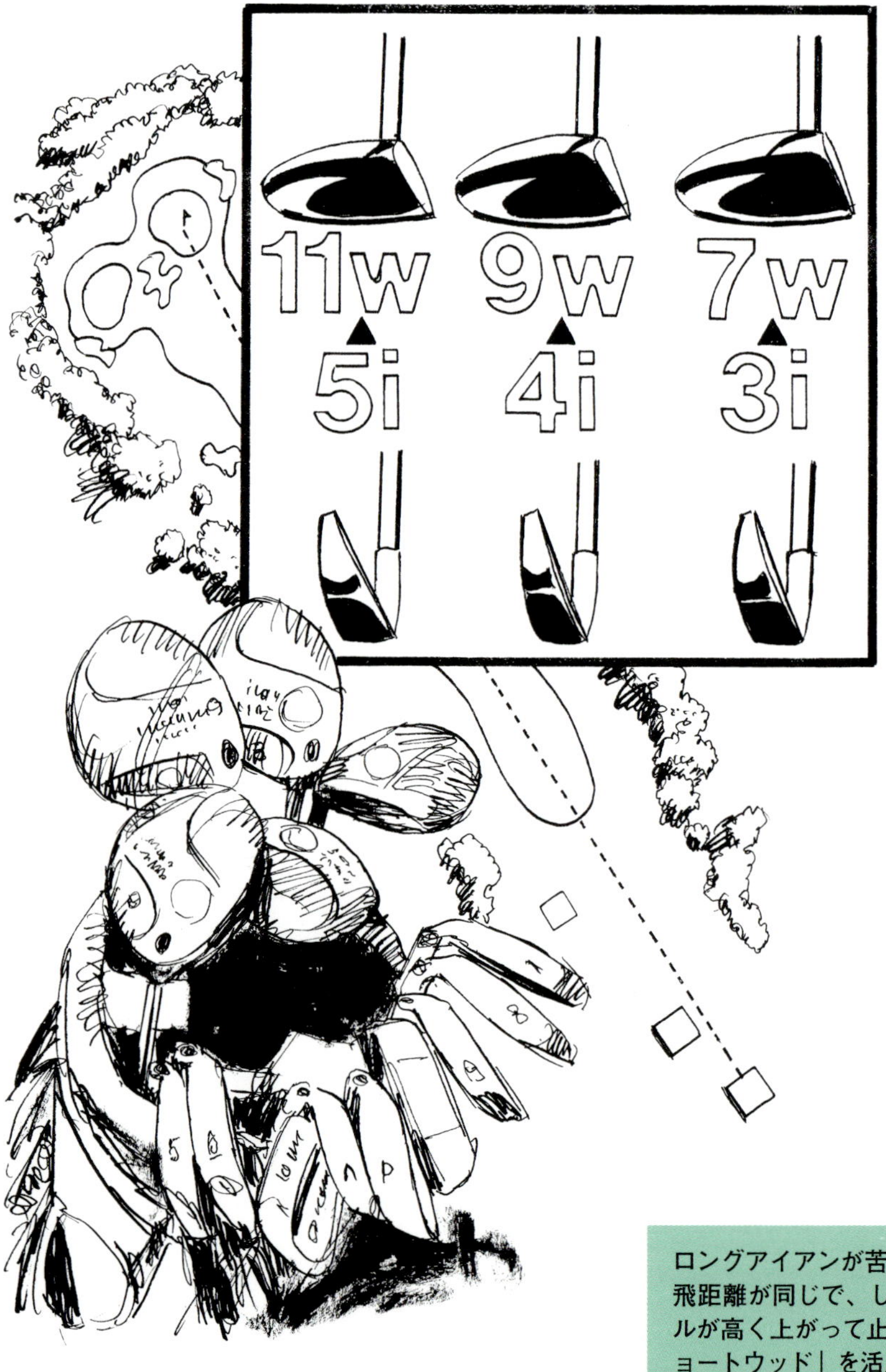

ロングアイアンが苦手な人は、飛距離が同じで、しかもボールが高く上がって止まる「ショートウッド」を活用する。

フェアウエーウッドといえば3番（スプーン）、4番（バッフィー）、5番（クリーク）がもっとも一般的ですが、最近は7番とか9番といったロフトの大きい「ショートウッド」もかなり普及しています。

ドライバー（1番ウッド）はパー4あるいはパー5のホールでティーショットをするときに使うクラブであり、フェアウエーウッドは一般的に、芝の上にあるボールを打つクラブです。スプーンとバッフィーは主としてグリーンに近づけることを目的とし、クリークはアイアンと同様、グリーンに乗せるときに使います。

ドライバーに比べフェアウエーウッドのヘッドはだいぶ小さくて、フェースも薄く作られています。もちろんロフト角も大きくなり、ドライバーは10度から11度ぐらいが一般的ですが、スプーンは16度が標準です。番手が一つ増えるごとにロフト角は3度ずつ大きくなります。

フェアウエーウッドはロフトがあってフェースも薄いので、ボールはよく上がります。ロフト角は同じでも、フェースの薄いヘッドのほうがボールは上がります。

7番ウッドと3番アイアンの飛距離はほぼ同じくらいですが、ショットの高さはだいぶ違います。3番アイアンより7番ウッドのほうが高く上がり、落ちてからよく止まります。**ロングアイアンをうまく使いこなせないという人は3番アイアンをはずして7番ウッド、あるいはウッドとアイアンを兼ね備えたユーティリティークラブを加えるとよいでしょう。**

ウッドは芝の上をすべりやすいようにソール（クラブヘッドの底）が広く設計されています。ただしフェアウエーウッドのソールは平らではなく、船底のような丸みのあるヘッドを選びましょう。なぜなら、ソールが船底のようになっているとボールが浮いていないときでもヘッドがうまく入っていき、ボールがよく上がるからです。

67

ライがいいときは、サイドブローが基本。

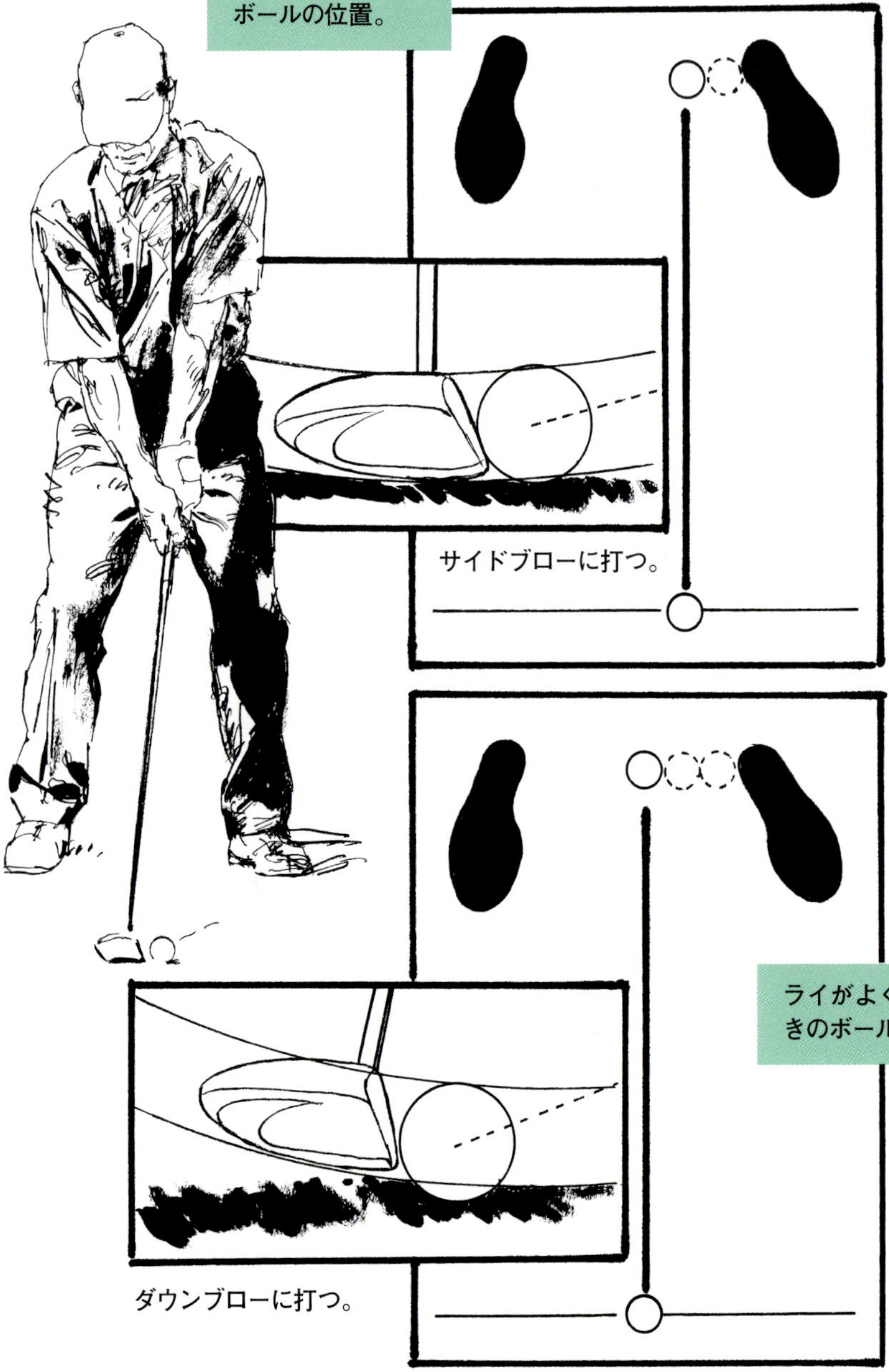

ライがいいときのボールの位置。

サイドブローに打つ。

ライがよくないときのボールの位置。

ダウンブローに打つ。

フェアウエーウッドはサイドブローに、スイングアークの最下点で打つのが基本です。ボール位置は左足かかとの線よりボール1～2個分内側がよいでしょう。ティーアップした場合でもアッパーブローではなくサイドブローに、スイングアークの最下点がボールの真下にくるスイングをします。ただしそれは、サイドブローに打てるような芝の状態がよくてボールが浮いているときに限られます。

ボールの置かれた状態（ボールのライ）があまりよくないときは、ボールをもっと中に置いて、ダウンブロー気味に打つと、ボールは上がります。

スイングアークの最下点がボールの前方（左側）にくるのがダウンブローです。ライがよくないときはアイアンと同じように、上からボールをヒットして芝を削りとるようにしましょう。

ボールのライが悪いときに、サイドブロー、つまり横から払うような打ち方をするとボールの頭を叩くミスが多くなります。フェアウエーウッドもアイアンと同じような打ち方のほうが正確なショットができます。

フェアウエーウッドは、球を上げようとしてドライバーと同じようにアッパーブローに払い上げるような打ち方をすると、トップしてボールは逆に転がってしまいます。

冬場のように芝が薄いところでフェアウエーウッドを使う場合は、ボールの位置はアイアンと同じようにスタンスのほぼ真ん中です。ただしボールを真ん中に置いても、横から見て構えるとアッパースイングになるので手前をダフったりボールの頭を叩いたりするミスが多くなります。アイアンと同じようにボールを上から見て構えることが大切です。

68

ライが悪いときは、バッフィーやクリークを使う。

スプーン（3番ウッド）は16度が標準的なロフト角です。しかしヘッドがパーシモンからステンレスやチタン合金に変わり、14度とか15度といったロフト角の小さいスプーンも少なくありません。ロフトはソールに表示されています。

14度といえばブラッシィー（2番ウッド）に近いロフト角ですが、今はヘッドが小さくてフェースも薄く作られているのでボールはよく上がります。

パー5（ロングホール）は、ドライバーでナイスショットしても、まだ250ヤード以上距離が残ります。このとき、芝の状態がよくてボールが浮いていれば、スプーンで距離をかせぐことができます。

左足かかとの線より少し内側に置いたボールを、サイドブローに払うようなスイングで振り切っていきます。この場合、飛ばそうとして力が入り、ボールに向かって上体が出ていくとミスします。

上体が出ていかないように、構えた位置に頭を残しておくことが大切です。 そうすれば多少ダフリ気味にボールの手前からヘッドが入っても、広いソールが芝をすべるようにして振り抜けていくので、ボールが上がり、距離も出ます。

ただしボールが沈んでいるのを無視して、スプーンで距離をかせごうとすると失敗します。スプーンでナイスショットしても届かないとき、ボールのライがあまりよくないと思ったら、スプーンはやめてバッフィー（4番）あるいはクリーク（5番）にしましょう。

ボールのライがあまりよくないときは、スプーンよりバッフィーのほうが打ちやすく、球が上がり、距離も出ます。

69

ボールの位置は、クラブや、ライによっても違う。

クラブが短くなればスタンス幅は少しずつ狭く、ボールの位置も左足かかとの線より内側に変えたほうがよいでしょう。クラブが短くなっても「左足かかとの内側線上」というボール位置は変える必要はないという説もありますが、これは手足の長い欧米人向きの理論です。

手足の長い人はダウンスイングでひざを動かせるので、左足かかとの前にボールを置いてもダウンブローに打てるのですが、胴長短足型の日本人は左に置くと届かなくなります。クラブが短くなったら左かかとの線より中に入れたほうがやさしく打てます。

ボールが浮いていて、スプーンで横から払っていけるときは左足寄りにボールを置いても打てます。しかし、芝がなかったりボールが沈んでいたら、フェアウエーウッドであっても上からダウンブローに入れてやらないと球がつかまらないので、ボールをスタンスのほぼ真ん中に置きます。

とくに、ボールが沈んでいるときは、払うような打ち方はできません。上からぶつけないといけないので、ロフト角の大きいクラブのほうが正確に打てます。スプーンで上からぶつけるような打ち方をすると、うまく打てたとしてもボールは右に出てしまいます。バッフィーあるいはクリークのほうが正確に打てて、そのうえ距離も出ます。

そして**クラブを短めに持ちましょう。スイングアークを大きくして距離を出すドライバーと違ってフェアウエーウッドは正確さが第一ですから、クラブを長く持つ必要はありません。**

70

トップとフィニッシュを低くすれば、体は平らに回る。

首のつけ根を中心に、トップとフィニッシュを低くすると肩が平らに回り、芝を掃くようなスイングができる。

ボールが浮いているとき、フェアウエーウッドはサイドブローが基本です。ボールは左足かかとの線よりボール1個か2個分内側に。そして、頭はスタンスの真ん中に構えます。**ボールを横から見ようとして少しでも上体を右に傾けて構えるとアッパーブローになり、ボールの頭を叩くミスが多くなります。**

ボールが浮いている状態で、スプーンでダフリが多いという人、フェースの上部に当たってボールが上がり過ぎて距離が出ないという人、これらは体が上下動して回っていないためです。左足寄りに置いたボールを真上から見ようとして、頭が左足のほうに寄っていき、右肩がかぶさってきてしまうのです。

そうかといって、頭を動かさずにバックスイングすると、左肩が落ちて体重が左足にかかり、ダウンスイングで今度は右肩が落ちて右に体重が残ります。左足寄りに置いたボールを上から見ようとしないで、スタンスの真ん中に頭を構えたら首のつけ根を中心に右肩に向かってバックスイングし、左肩に向かって振り抜いていきます。

左手で右肩をつかむような感じでバックスイングし、右手で左肩をつかむようにして体を平らに回して振り抜いてみましょう。

トップスイングを肩より高く上げないようにするわけです。そうすると肩は自然に入ってきます。トップとフィニッシュを低くすれば、上下動しないで首のつけ根を中心に肩が平らに回るようになります。

また、深く前かがみにならないように上体を起こして構えます。そしてトップとフィニッシュを低くすれば肩が平らに回り、芝を掃くようなスイングができます。これならダフリも少なくなり、ヘッドがボールの下に入らず平らに振り抜け、距離も出ます。

71

女性ゴルファーはとくに左手をかぶせ、低くバックスイング。

ダウンスイングで腰を平らに回し、飛球線の内側に振り抜いていく。

女性は左手をかぶせてグリップする。

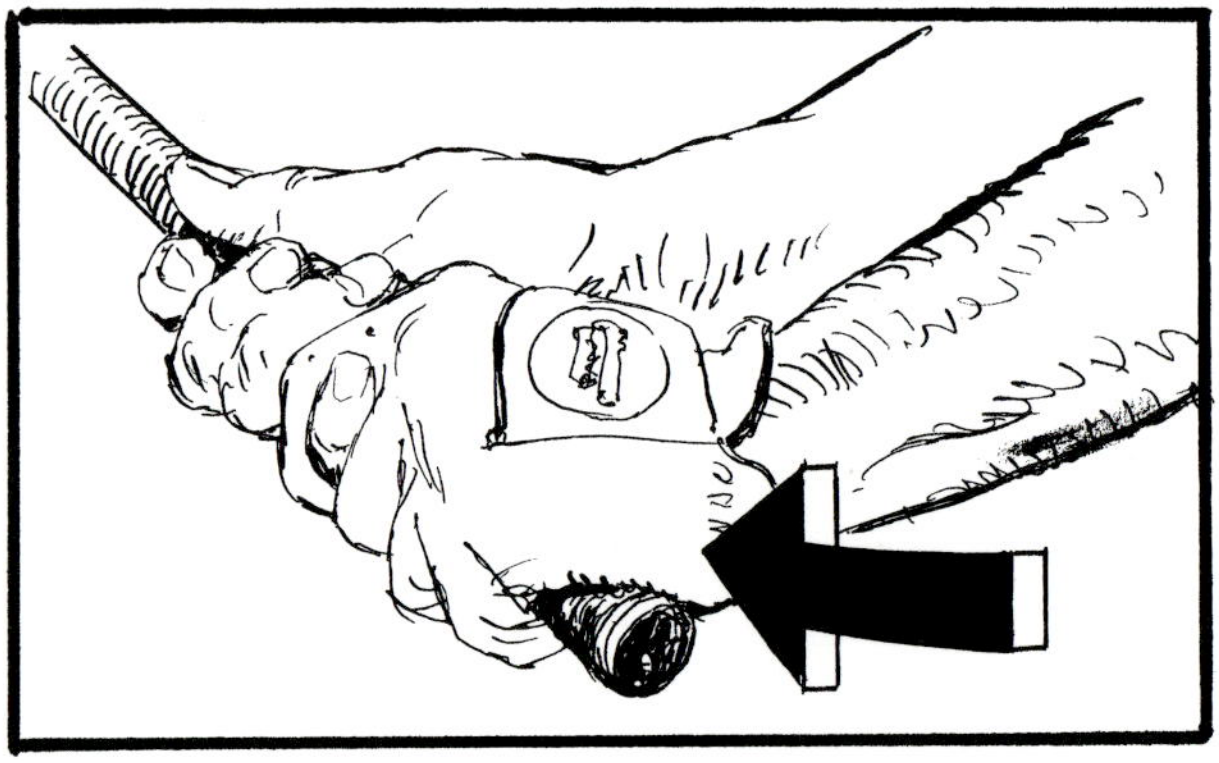

左手の甲を上に向けてバックスイングすると、オーバースイングにならない。

「もっとも重要なクラブは?」とアベレージゴルファーに聞くと、ほとんどの人は「ドライバー」と答えます。「では次に大切なクラブは?」と聞くと、大方の女性ゴルファーは「フェアウエーウッド」と答えるのではないでしょうか。

なぜならパー5だけでなくパー4のホールでも女性はセカンドショットでウッドを使う回数が多いからです。それだけ**女性にとってフェアウエーウッドはなくてはならないクラブといえます**。

しかし、女性は体が柔らかいので、体が上下動してオーバースイングになり、フェアウエーウッドをうまく使いこなせないでいる人が多いようです。上下動して体が回らないのは、目標線上に真っすぐ上げて真っすぐ振ろうとしているためです。

また女性はなぜか左手を開いてグリップする傾向があります。そうするとバックスイングで肩が入らないでオーバースイングになるのです。左手をかなりかぶせてグリップし、左手の甲を上に向けてバックスイングすると体が平らに回るためオーバースイングになりにくく、トップの位置も低くなります。

ダウンスイングは左腰から始動します。女性は腰を目標方向に突き出すように体をそらせる傾向が強く、その結果、右肩が下がり過ぎて手前をダフるのです。

ダウンスイングで腰を目標方向に出そうとせずに平らに回し、飛球線の内側に振り抜いていくこと。クラブを目標方向へ真っすぐ出そうとしないで左肩に向かって、あるいは首に巻きつけるようなつもりで体が回る方向にインサイドに振り抜き、フィニッシュを高く上げないようにすること。以上が重要です。

72

スプーンは中継ぎ用、クリークはアイアン感覚でグリーンを狙う。

スプーン（3番ウッド）はパー5のセカンドショットで使うケースが多いので、距離を重視した中継ぎ用のクラブということができます。ただしボールが少しでも沈んだ状態にあるときは横から払うような打ち方はできません。そんなときはボールを真ん中に置き、上からダウンブロー気味に入れてやらないとジャストミートできません。ところがボールを中に置いて、スプーンで打ち込むと右に押し出すミスが多くなります。スプーンはフェアウエーでボールが浮いているときだけ使うようにして、ライがあまりよくないときは、バッフィー（4番）を使います。バッフィーはスプーンにかわるクラブという言い方ができます。スプーンとバッフィーは主に中継ぎ用に使われ、クリーク（5番）はグリーンに乗せるためのクラブです。

クリークは3番アイアンよりもボールは飛び、高く上がり、落ちてからよく止まります。ライがよいときでもボールを中に置いて、アイアンと同じように上からボールを見て構えます。ボールを左足のほうに置いて横から払おうとしないで、芝を削りとるようにしたほうが正確なショットができます。

クリークは、フェアウエーウッドというよりアイアンと思ったほうがよいでしょう。クラブを短めに持って、大きく振ろうとしないで右肩から左肩ぐらいまでのスイングを心がけます。

また**クリークはラフからでも使えます。ラフから打つときはソールをぴったり下に置かないで少し浮かして構え、打ち込まずに草ごと払っていくようにしましょう。**草に負けまいと強く打ち込むとヘッドがボールの下に入って振り抜けず、球が上がり過ぎてグリーンに届かせることはできません。

レッスン 8

グリーンをとらえる

アイアン

Iron

アイアンはグリーンにのせるクラブです。ロングからショートまでありますが、すべて同じテンポ、同じスイングで打てるように練習します。飛距離はクラブが打ち分けてくれるのです。得意なクラブを1～2本つくることが、上達のコツです。

73

ウッドはシャフトよりヘッドが前。アイアンはヘッドよりシャフトが前。

アイアンは、手がクラブヘッドより前に出る。

ウッドは、グリップエンドがクラブフェースより前に出ることはない。

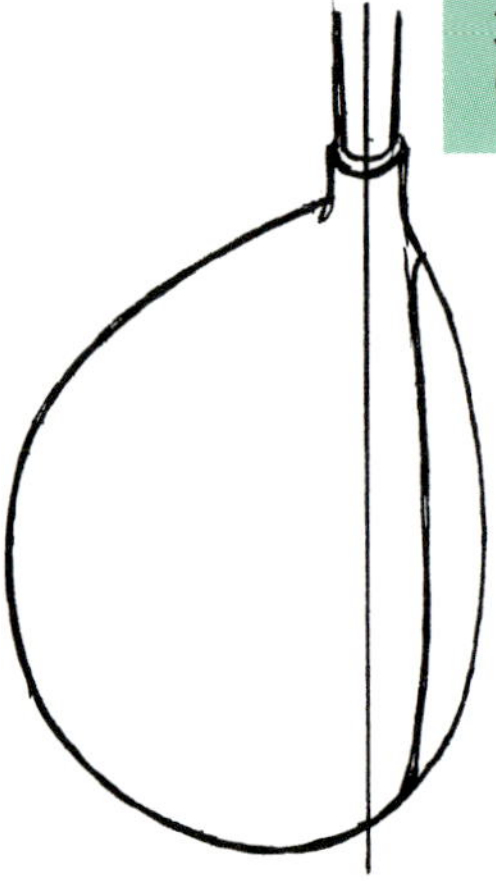

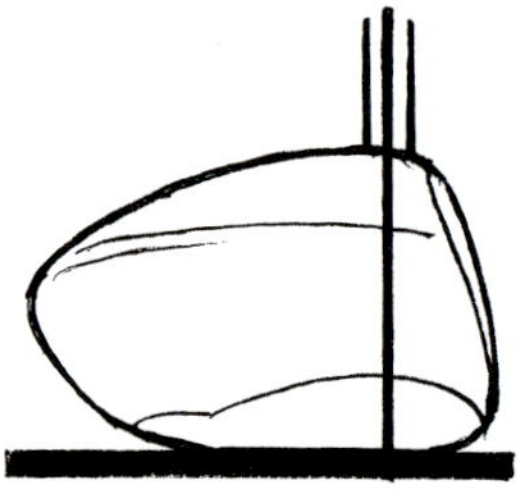

ウッドは、フェース面がシャフトより前。

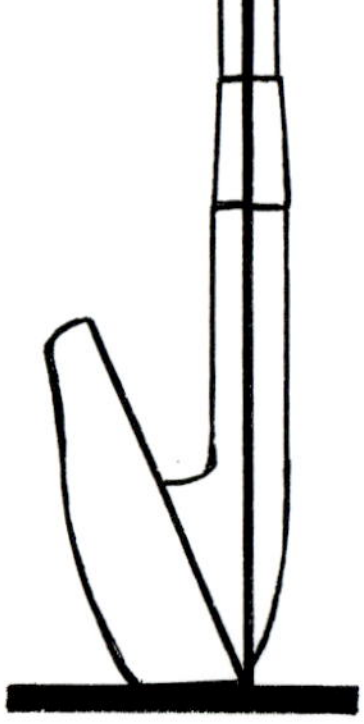

アイアンは、フェース面よりシャフトのほうが前。

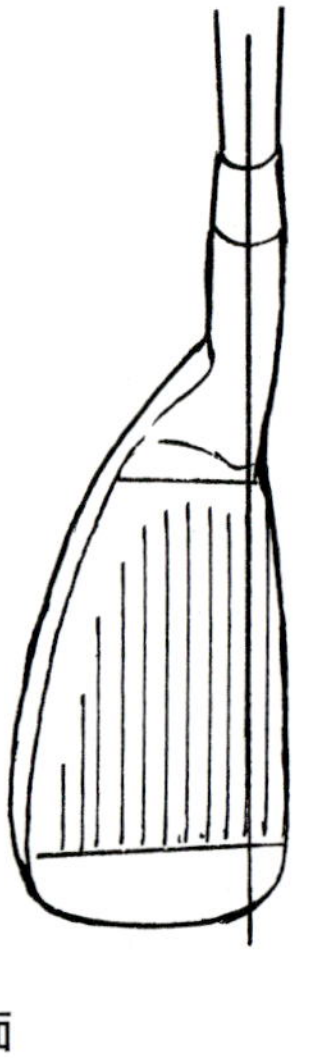

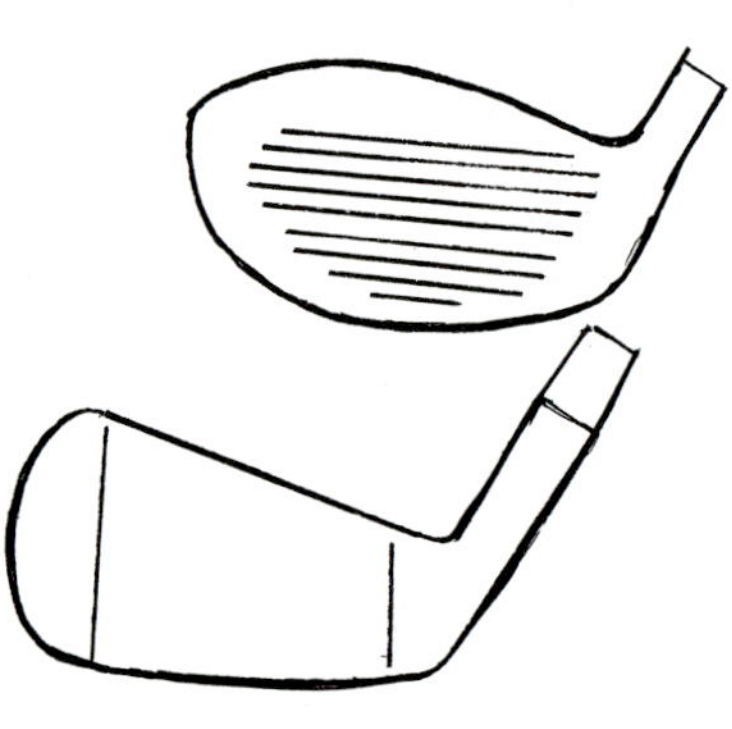

アイアンとウッドの構造の差を理解しよう。

ウッドクラブとアイアンクラブの違いは何だと思いますか。

ロフトどおりに構えてフェース面を目標に真っすぐに向けた場合、ウッドはフェース面がシャフトより前（目標方向）に出ているのに対し、アイアンはフェース面よりシャフトのほうが前に設計されています。

そうした**クラブの構造を生かして構えるとウッドは正面から見ると手の位置がヘッドの真上、アイアンはヘッドより手が前（左）に出ます**。そのために「アイアンはハンドファースト」（手がヘッドより前という意味）といわれているのです。アイアンは手がクラブヘッドよりボール1個か2個分ぐらいヘッドより前に出るようにクラブ自体作られているのです。そこがウッドとアイアンの大きな違いです。

そうしたクラブの特性を生かし、構造どおりに構えることがまず大切です。ウッドはソールを地面にぴったりつけて置いた場合、シャフトはヘッドから真っすぐ出ています。ですから、ロフトをかぶせたりしない限り、ウッドはグリップエンドがクラブフェースより前に出るということはないのです。これはドライバーもフェアウエーウッドも全部同じです。

ウッドもアイアンと同じように手をヘッドの前（左）に出し、いわゆるハンドファーストに構えたとしましょう。それでロフト通りに構えようとしたらフェースが右を向くのでそのままインパクトすれば、とくにドライバーは右に押し出すようなショットが多くなります。手を前に出して、それでフェースを目標に真っすぐスクエアに向けようとすると、今度はロフトがかぶって10度のドライバーを使っていても9度あるいはそれ以下のロフトになるので球が上がらなくなります。

ウッドはフェース面より手が前に出ないようにしましょう。

アイアンはクラブヘッドより手のほうが前に出てインパクトする。

ヘッドよりグリップエンドが前に出てインパクトすれば、芝を削り取ることができる。

アイアンのときのボールの位置は、スタンスの真ん中寄り。

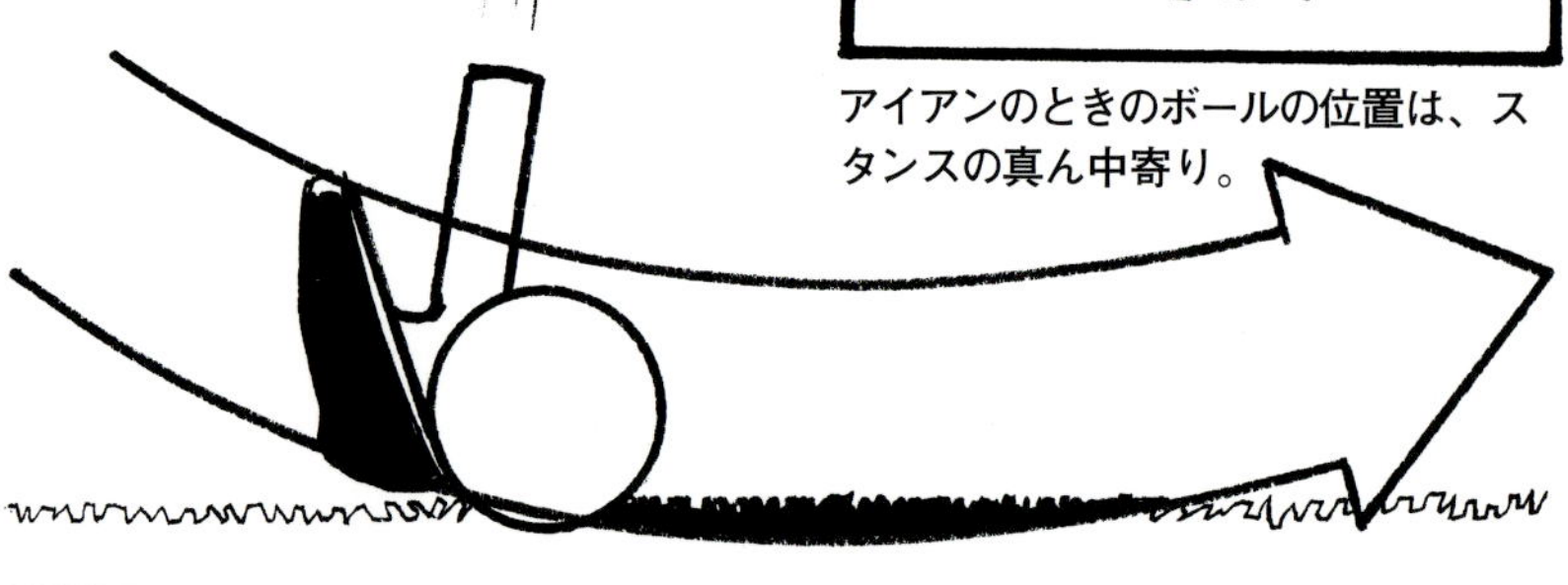

アイアンはロフト角どおりフェースを目標に向けて構えると、グリップエンドがクラブヘッドより前に出るように設計されているといいました。

しかしアドレスしたときの手の位置はウッドもアイアンも同じです。アイアンはハンドファーストだからといって、ウッドより手を前（左）に出して構えるということはありません。

左太ももの内側（左目の下）に構えた手の位置は、ウッドもアイアンも同じでよいのです。それでもアイアンはボールをスタンスの中央寄りに置けばクラブヘッドより手のほうが前（左）に出ます。ドライバーは左足かかとの前、フェアウエーウッドはそれより1〜2個分内側、アイアンは真ん中寄りとボールの位置を変えるだけです。

アイアンのハンドファーストの度合いは、ロフトのあるクラブほど大きくなります。ミドルアイアンでボール1個分ぐらい、ショートアイアンになるとボール2個分ぐらいです。アドレスしたとき、ミドルアイアンでボールの上にグリップエンドがくると思ってよいでしょう。

ウッドと同じようにアイアンもヘッドの上に手を構えて、そこでインパクトしようとすると手前をダフるミスが多くなり、あるいは球が上がり過ぎたり左に引っかかったりします。**ボール1個か2個分、ヘッドよりグリップエンドが前に出てインパクトすれば、ボールをヒットしてから前方の芝を削ることができます。**

ボールをヒットしてから芝を削りとる打ち方をダウンブローと言っているのですが、ダウンスイングで体重が左足に乗って、手がヘッドよりやや先行してボールをとらえればそれは誰にでもできることです。大切なのは左体重でヘッドより手が先行してインパクトすることです。

ダウンスイングで左足に体重を乗せ、右手首を伸ばさずに振り抜く。

アイアンはダウンブローが基本。その練習法は、ダウンスイングと同時に左足に乗り、軸足を左に移して振り抜く。振り抜いた後は、左足一本で立ち、目標方向へ右足を一歩踏み出す。

アイアンはダウンブローが基本です。ダウンブローはデセンディングブローともいって、クラブヘッドがスイングアークの最下点に到達する前に、ヘッドがまだ下降している間にボールをとらえる打ち方です。ボールをヒットした後もヘッドはまだ下降を続けているわけで、だからボールの先（目標寄り）の芝が取れるのです。

ドライバーと同じようにスイングアークの最下点を過ぎたところでアッパーブローに打ったら、アイアンは手前をダフったり頭を叩いてトップしたりします。また、右足に体重を残し、ダウンスイングで右手首を伸ばしてしまうと、クラブヘッドのほうが先に戻るのでアイアンはボールに当たる前に地面を打ちます。

アイアンはダウンスイングと同時に左足に乗り、軸足を左に移してやります。左足を軸にして振り抜いて、打った後は左足一本で立つようにし、振り終わったら、目標方向へ右足を一歩踏み出してみましょう。

体重を右足に残し、トップスイングから右手で打ちにいくと右手首が伸びてしまってヘッドが先に戻り、手首ですくい上げるような形になるのでダフったりトップしたりします。

ダウンスイングと同時に軸足を左に移し、上から下へ、右手の角度を変えずに左手でクラブを振り下ろしてやります。

「アイアンはダウンブロー」といっても、手で強く打ち込もうとする必要はありません。左足を軸にして、手がヘッドより先になって下りてくれば打ち込もうとしなくてもボールの先の芝を削り取ることができます。

76

芝を薄く削り取るのが、正しいダウンブロー。

アイアンで切り取った芝のかたまりをディボットといい、芝を取った跡をディボット跡といいます。アイアンでどんな打ち方をしたか、ディボット跡を見れば一目でわかります。

アイアンショットをして芝が取れても、ボールの手前を打ったのではグリーンに届かせることはできません。ボールをヒットしてから、芝を取らなければならないのですが、プロのディボット跡を見ると、比較的浅く平らにそして長く芝が取れています。

ところがアベレージゴルファーのアイアンショットの跡を見ると、芝（というより地面が）がかなり深く、えぐり取られています。相当強く、腕力で叩きつけるような打ち方をしているのだと思います。

「アイアンはダウンブロー」といっても強く打ち込む必要はなく、ヘッドの重さを生かして低く振り抜いてやれば、力のない女性でも芝を削り取ることはできます。

スイングアークの最下点を通過したところでボールをとらえるのがアッパーブローであり、スイングアークの最下点にヘッドが到達する直前でボールをとらえるのがダウンブローです。だからボールをヒットしてから芝が取れるのですが、これは打ち込むというよりはアイアンのリーディングエッジの部分で芝を削り取るといったほうがよいと思います。

打ち込むというと力を入れてガツンと叩き込まなければならないような気がするのです。そうではなくて、リーディングエッジでボールのセンター（真下）から先の芝を削り取っていくような感覚で、体重を左に乗せて低く振り抜いていけば、ボールの先の芝が比較的薄く長く取れるようになります。

77

ティーアップしたボールを、アイアンで打つ練習。

高めにティーアップしたボールを、ショートアイアンで、肩から肩ぐらいまでのスリークオータースイングで打ってみましょう。

マットの上よりティーアップしたほうがやさしく打てそうに思えますが、いざやってみるとそうでもないことに気がつきます。

練習場のマットの上で打つと、手前からダフリ気味に入ってもヘッドが勢いよくすべり抜けてボールに当たるので、ダフっていることに気がつかないでいます。ですから「練習のときはうまく当たっているのに、コースではよくダフる」ということになるのです。ティーアップしたボールをアイアンで打つと、フェースのどのあたりにボールが当たっているかよくわかります。グシャというやな感触が残り、ボールもあまり飛ばないのはボールの下のゴムのティーを打っているためで、芝の上で同じような打ち方をしたら完全なダフリです。

ティーアップしたボールをフェースの芯（スイートスポット）でとらえたときは何の抵抗もなくスカッと打ち抜けます。これなら芝の上でもダフらずに打てます。

ティーアップしたボールを打ったとき、フェースの上のほうに当たり、手に抵抗を感じて不快な感触が残るのは、すくい上げるような打ち方をしてインパクトでヘッドが先になるからです。左体重でヘッドより手を先行させてインパクトすればフェースのやや下のほうに当たるので、これならダフらずにフェースの芯で、何の抵抗も感じないで打ち抜けるようになります。ボールを上げようとして右手首を伸ばすとフェースの上のほうに当たってしまいますが、左足体重で振り下ろしてやるとフェースのやや下のほうで打てるようになります。

78

両足を揃え、足踏みしながら振ると正しい体重移動が覚えられる。

ショートアイアンで、体重移動の練習をする。バックスイングで左足かかとを少し上げると、体重は右足にかかり、ダウンスングで右足かかとを少し浮かせれば左足に乗っていく。

アイアンがうまく打てないという人は、多くがインパクトで体重が後ろ（右足）に残っています。右足体重で打つとスイングアークの最下点がボールの手前にくるのでダフリが多く、それでボールを上げようとして手首をこねると、トップすることもあります。

バックスイングで左、ダウンスイングで右と体重移動が逆になっている人が多いので、両足を揃えてショートアイアンで実際にボールを打ってみましょう。両足を揃えてスタンスの真ん中に置いたボールを真上から見て、体重は左右五分五分。背筋を伸ばしたまま、股関節から軽く前傾し、手は左太ももの前に構えます。

そうして**バックスイングで左足かかとを少し上げると体重は右足にかかり、ダウンスイングで右足かかとを少し浮かせれば左足に乗っていきます**。バックスイングで右、ダウンスイングで左と足踏みをするだけで体重は右、左と移動します。

腕の振りに合わせてバックスイングで左、ダウンスイングで右かかとをほんの少し上げるだけです。そうして少しずつスタンスを広くしていってみてください。スタンスを広げても同じように足を踏みかえて、それに体のねじりを加えれば体重移動は自然にできます。

バックスイングするときは右足の内側で体のねじりを受け止めるようにすれば、首のつけ根から背骨にかけてのスイングの軸もしっかりします。右足の内側に体重を感じておけば軸を動かさずに体をねじることができます。右足の外側に体重を逃がさないようにするのです。

ダウンスイングでは右足かかとを少しだけ上げて今度は左足の内側に体重を感じるようにします。そうすると左足の内側で体を支えておけるので左サイドがしっかりし、左足を軸にして振り抜いていくことができます。

79

後方に置いたボールに当てないように上から下に低く振り抜く練習。

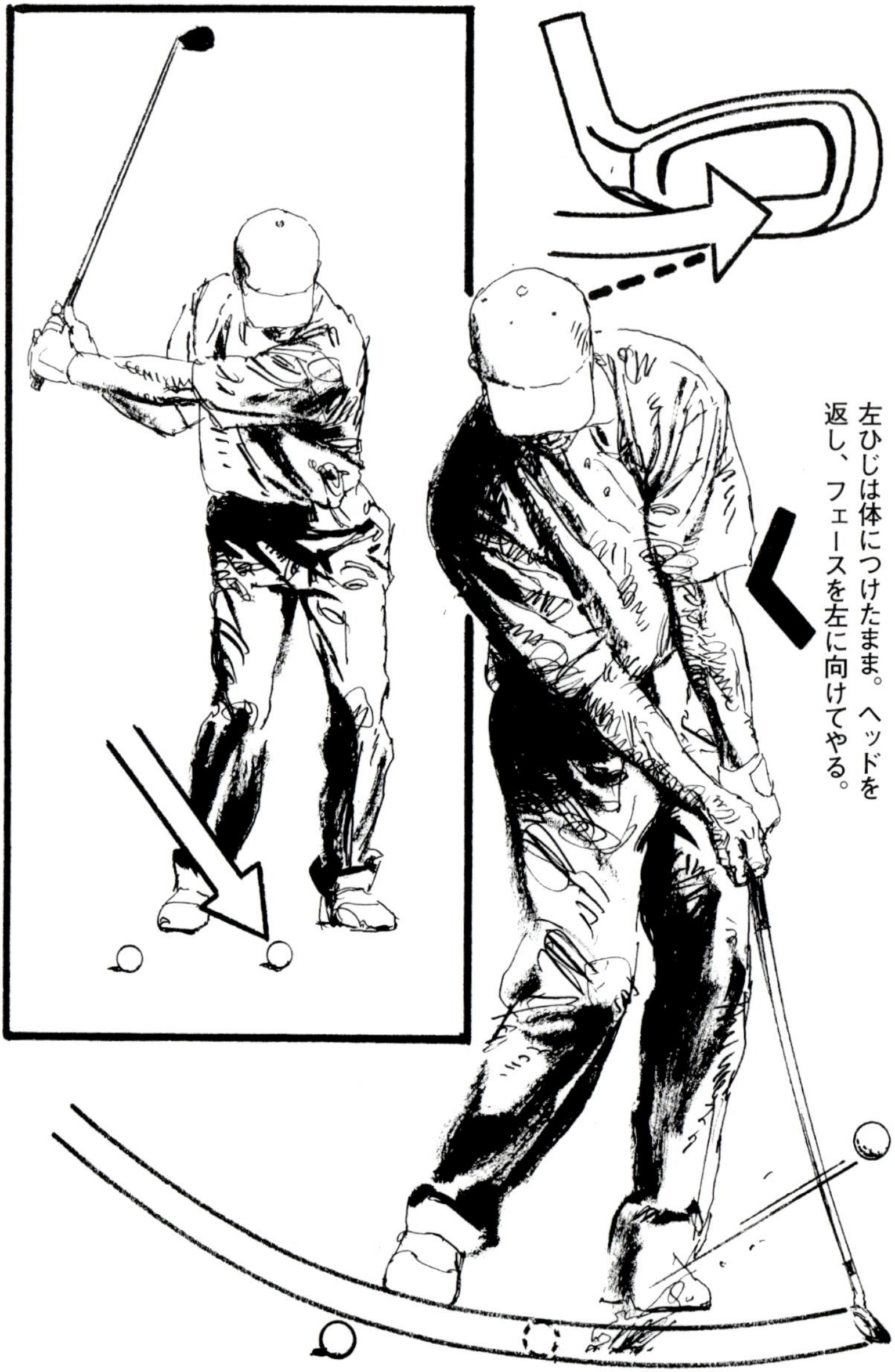
左ひじは体につけたまま。ヘッドを返し、フェースを左に向けてやる。

アイアンをダフらないようにするには、ダウンブローの打ち方を習得する。30センチ後方にもう一つボールを置き、そのボールに当たらないように振り下ろし、フォロースルーを低く止めるパンチショットの練習がいい。

スタンスのほぼ中央にボールを置き、その30センチぐらい後方にもう一つボールを置いて、ショートアイアンで打ってみましょう。後方に置いたボールに当てないように、真ん中のボールを打つ練習です。

スタンスの中央に置いたボールを上から見て、両肩を水平に構えます。頭を右に傾けたりしてボールを横から見て構えると、右肩が下がり、体重が後ろに残るので、すくい上げて後ろのボールに当たります。

後ろのボールに当てずに真ん中のボールを打とうと思えば、ダウンスイングで体重を左に乗せて、上から下に向かって振り下ろそうとします。右体重のまま右手首を伸ばしてボールを上げようとすると、後ろ（手前）のボールに当たってしまうので、右手首を曲げたまま上から打とうとすればダウンブローにボールをとらえられるようになります。

大きく振り抜かずに、フォロースルーを低く止めてみましょう。最初30センチぐらい離して置いたボールを20センチぐらいに近づけて、それに当たらないように上から振り抜いて低く止める練習です。

そうして上から下に向かって振り下ろしてやる練習をするとアイアンがダフらなくなります。**ダウンブローを覚えるには、フォロースルーを低く止めるパンチショットの練習がいちばんです。**

ただし低く振り抜こうとして左ひじを体から離し、フェースを目標に真っすぐ向けて振り出してやると、ボールは右に出ていきます。左ひじを体につけたままヘッドを返し、フェースを左に向けてやります。すると、ボールは目標に向かって真っすぐに飛んでいきます。上から振り下ろしたクラブは目標方向に真っすぐではなく、飛球線の内側に抜けるのが正解です。

80

9番と4番、8番と3番を交互に練習して、ロングアイアンに自信を持つ。

「ロングアイアンは難しい」という先入観を取り除くには、ロングアイアンとショートアイアンを交互に練習するのがよいといわれています。まず9番アイアンから始めます。9番アイアンなら力を入れずにゆっくり振れると思います。

9番アイアンで感じをつかんだら4番アイアンに持ちかえます。4番アイアンを持つと力が入りスイングも早くなるので、100ヤードぐらい飛べばよいという気持ちで、9番アイアンと同じつもりで力を入れずにゆったりスイングします。

そうして4番アイアンをしばらく打ったら、8番アイアンに持ちかえます。8番ならスムーズに振れるので、それで感じをつかんだら今度は3番アイアンにかえてみます。それでやはり8番アイアンと同じスイングをするようにします。

3番アイアンを8番アイアンと同じように力を入れずにゆっくり振ると、飛ばないような気がしますが、飛ばそうとすると力が入るので、なんとか我慢して8番アイアンのつもりで3番アイアンの練習を続けます。

このように**ショートアイアンと同じ感覚でロングアイアンを練習すれば、そのうち必ず4番も3番も打てるようになります。**ショートアイアンと同じようなスイングでロングアイアンが打てるようになれば、非力な人でも4番アイアンで170ヤードは飛ぶはずです。何番のクラブを持っても同じテンポでスイングしていれば、クラブが飛ばしてくれるのです。

同じスイングをしているつもりでも、ショートアイアンよりロングアイアンのほうがシャフトが長い分スイングアークは大きくなり、自然にヘッドスピードも速くなります。

81

アイアンは2階打席で練習すると、ダウンブローを習得できる。

練習場では、2階打席から低いところへ向かって打つ練習をすれば、アイアンの打ち方がよくなります。地上階（1階）で打つより、2階のほうが、打った球が高く上がっているように感じられるせいか、球を上げようという意識は薄らぎます。

また、上からボールをとらえて低く振り抜いてやれるので、ダフらずにボールをヒットしてからマットに触れるスイングができるようになります。

さらにアドレスもよくなります。アイアンはスタンスの中央に置いたボールを上から見て構えるのがよいので、2階打席では、球を上げようとする意識がなくなり、目の高さに狙いをつけて打つことができるようになります。

上からボールを見て頭を動かさずにバックスイングすると、インサイドに引かずに真っすぐ上がります。そうすれば上からボールに向かって振り下ろしてやれるので、ダウンブローを習得できます。

逆に目標方向が高くなっている打席でアイアンの練習をすると、ボールを高く上げようとするので悪い癖がつきます。2階打席は一見平らなようでも、左足側がやや低くなっています。そのためアイアンがトップしやすいので、2階を嫌って1階打席で練習したがる人のほうが多いようです。

本当は**アイアンの練習は軽い左足下がりの傾斜がよいのです**。傾斜に合わせてアドレスすれば、スタンスの中央に置いたボールを上から見て、下がり傾斜に沿って振り下ろしてやるスイングができるようになります。もちろん平らなところでもそういうスイングをできるようにしたいものです。そのために、2階打席で低いボールを打つ練習をするのです。

82

2個のボールを同時に打って、ヘッドを低く出すスイングを習得する。

1個はスタンスの中央、もう1個はそれより15センチくらい前に置く。

ダウンスイングと同時に左足に体重を乗せ、左ひざを伸ばさずに振り抜くと、ヘッドが低く出ていくため2個のボール（プラスチック製ボール）が目標方向に飛んでいく。

アイアンは上からボールをとらえて低く振り抜くとバックスピンがかかり、止まる球が打てます。インパクトの後のヘッドの出方をチェックするにはボールを2個置いて打ってみるとわかります。1個はスタンスの中央に置き、もう1個はそれより15センチくらい前方（目標方向）に置きます。

前後に並べた2個のボールを同時に打つ練習です。**スタンス中央のボールを打って、前方のボールにも当たって真っすぐ飛んでいくかどうかです。**体重を右足に残し、すくい上げるようなスイングでは前方のもう一つのボールを打つことはできません。

ボールを横から見ると右肩が下がり、打ち上げの体勢になるので、これでは真ん中のボールに当てるのがやっとです。右肩を下げずに真ん中のボールを上から見て構えたら、右足の内側に体重を感じながらバックスイングします。右足の外側に体重を逃がすと右腰が伸びて横に動くので体をねじることはできません。

右足の内側に体重を感じてバックスイングすると構えた位置で体がねじれるので、これならダウンスイングと同時に左足に体重を乗せていくことができます。

ダウンスイングに入るときも右肩を下げないようにします。ボールを上げようとすると右肩が落ちるので体重も右足に残ります。これでは下からすくい上げて真ん中のボールをダフるので前方のボールにはヘッドが届きません。

左足に乗ったら、左ひざを伸ばさずに振り抜けばヘッドが低く出ていくので前方のボールにも当たり、二つのボールが目標方向へ飛んでいきます。

この練習法は、思わぬ方向にボールが飛んでいくことがあるので、危険を避けるため、市販のプラスチック製穴あきボールを使い、前後左右に人がいないか、安全を十分に確認してください。

83

ボールの「赤道」のちょっと下にヘッドを入れてやる。

ボールの下にヘッドを入れてやろうとすると、うまくヒットしているつもりでも手前の芝を噛み、ダフリ気味のショットになることが多いものです。**よくグリーンをショートするという人は、ボールと芝の間にヘッドを入れようとしているからです。**

そうではなく、クラブヘッドを芝につけないで、わずかに浮かした状態で、ボールの「赤道」（中心線）、メーカーの名前あるいはブランド名が入っているところより少し下にヘッドを入れてやるのが正しいアイアンの打ち方です。そうすればちょうどボールの真下にヘッドが入っていって、前方（目標寄り）の芝が削り取れるようになります。これなら手前の芝を噛まずに、ボールをヒットしてから前方の芝を削り取る打ち方ができます。

ヘッドを芝にぴったりつけないで、かすかに浮かした状態で打つようにしてください。それで左足を軸にして振り抜いていけば、ボールをヒットしてから芝が削り取れるので、手前の芝を噛まずに正確なアイアンショットができます。

芝の上で練習できるところがあったら、線を引いて、その左側にボールを置いて打ってみてください。ダフればその線が消えてしまいます。左体重でボールの赤道の少し下にヘッドを入れてやれば、線を打たずにボールをヒットしてから前方の芝を取ることができます。

「アイアンはダウンブロー」といっても、ボールの下にヘッドを打ち込もうとするとダフリます。左足体重で、なおかつ手がやや先行してボールの赤道より少し下にヘッドを入れてやれば、打ち込まなくてもボールの先の芝が薄く削り取れます。これが正しいアイアンの打ち方です。

レッスン 9

カップに寄せる

アプローチ

Approach

アプローチショットには、ボールを高く上げるピッチショットと、ラン（転がり）を主体にしたチップショットがあります。その中には、ピンの手前に落としてから転がすピッチエンドラン、ほとんど初めから転がすランニングという分け方もありますが、これはボールの飛び方から見た違いで、打ち方そのものはチップショットとほとんど同じです。つまりアプローチショットは上げる（ピッチ）か転がす（チップ）か、二つに一つです。

84

フェースをかぶせて低く打ち、転がりを主体に寄せる。

ボールは右足寄り。左太ももの内側に手を構えると、フェースがかぶりロフトが立つ。

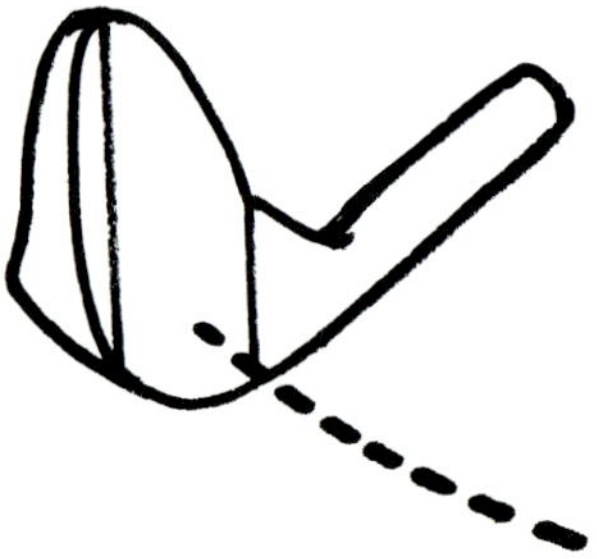

右手がシャフトにかかるくらい短く持ち、ボールをトスするような感じで距離を打ち分ける。

「チョン」と木などを削ぎ落すようにリズミカルに短く打つのがチップショットで、ラン（転がり）を主体にしたアプローチです。ピンまでの距離と状況によって使うクラブはいろいろ違ってきますが、すべてフェースをかぶせてロフトを立てて打ちます。たとえば8番アイアンを使っても、7番アイアンと同じぐらいのロフトにして低く打つようにします。

まず、スタンスを狭くし、左足を引いたオープンスタンスをとります。そして、体重を左足にかけ、ボールを右足の前に置き、頭はボールのやや前（目標寄り）に構えます。このとき、ボールを後ろから見ようとすると体重が右足にかかり、すくい打ちの原因になります。

ボールを右足寄りに置いて、左太ももの内側に手を構えると、グリップエンドがボールよりだいぶ前（目標寄り）に出るため、フェースがかぶって8番アイアンを使っても7番アイアンと同じぐらいのロフトになります。9番アイアンやピッチングウェッジを使うときでも、同じようにフェースをややかぶせてロフトを立てて、ボールを低く打ちます。

また、クラブは長く持つとコントロールしにくいので、右手がシャフトにかかるくらい短く持ちましょう。そうすると右手でボールをトスするような要領で距離を打ち分けることができます。

グリーンエッジから転がして寄せるときは、7番か8番アイアン。20ヤードほど離れたところからピンの手前に落として転がすときはピッチングウェッジ、というように、距離や状況によってクラブを使い分けます。

85

チップショットは、両腕とシャフトでできる小文字の「y」を崩さずに打つ。

両腕とシャフトでできる
「y」の字。

体重は左足にかけたまま。
右手とシャフトの角度を変
えずに手を先行させて打つ。

ボールの後ろにコイン
を置き、ボールだけを
打つ練習。

ボールを右足寄りに置いて、手を左太ももの内側に構えると左腕とシャフトはほぼ真っすぐになり、右腕とシャフトは「くの字」型になります。両腕とシャフトによって小文字の「y」ができるので、この形を最後まで変えずに打つことが大切です。

体重は初めから左足にかけたまま、左腕とシャフトは真っすぐに保ち、右手とシャフトの角度を変えずに手を先行させて打てば、ダフらずにボールをヒットできます。左手首を外側（甲側）に折ったり、右手首を伸ばしたりすると、インパクトでヘッドが先に戻るので、手前をダフったりボールの頭を叩いてトップしたりします。**左手首を真っすぐに保ち、右手首の角度を変えずに打つことがいちばんのポイントです。**

その練習法として、ボールのすぐ後ろにコインを置いて打ってみましょう。コインに当てずにボールだけを打てるでしょうか。もしボールを打つ前にコインに当たるようなら、手前をダフっていることになります。

体重を右足にかけたり、右手首を伸ばして左手首を折ったりすると、ヘッドが先に戻り、ボールを打つ前にコインに当たってしまうのです。左足に体重をかけ、両腕とシャフトのy字型を変えずに打てば、コインには触れずにボールを打ってから芝を削ることができます。

ひざを動かし過ぎたときにもコインに当たってしまいます。左足のつま先を目標方向に開かずに前に向けたまま、左足を少し後ろに引いて構えましょう。そうして左ひざを前に向けておいて打つと、左の軸がしっかりします。

86

チップショットでは、ヘッドより手が最後まで先行する。

フェースをかぶせて構えても、手首を使うとヘッドが先に戻るのでダフってしまうし、ダフらなくてもボールが上がり過ぎて転がらず、ピンの手前で止まってしまいます。

インパクトで右手の人さし指を使うと右手首が伸びてヘッドが先に戻ってしまいます。右の人さし指を握らずに伸ばしておいて、**右手にはまったく力を入れずに、主に左手でクラブを持っているような感覚で打ってみてください。**

ただしインパクトで左手が止まってしまうと、左手首が折れて右手首が伸びるので、同じくヘッドが先に戻ってしまいます。左手を止めずに出してやります。

クラブを相当短く、シャフトの中間あたりを持って構えてみてください。左太ももの内側に手をセットし、ヘッドを右足の前に構えると、シャフトは体の外側（左側）に出ます。それでスイングするとシャフトが左の腰骨に当たるので、手首を使うことができません。左手首を折らずに左腕とシャフトを真っすぐに保ち、右手首の角度を変えずに打つことができます。

チップショットではインパクトで手首を使って下からすくい上げるような打ち方は禁物です。ボールを横から払おうとすると、ヘッドが先に戻ってすくい上げる格好になるので、上から下へ、フォロースルーを低く出すようにしましょう。

ボールの後方にボードなど置いて打ってみてください。手首を使って先に戻すとボードに当たります。ヘッドをインサイドに引かずに飛球線の後方にそのまま真っすぐテークバックします。そして右手首を曲げたまま手を先行させて下ろしてやればボードが邪魔にならずに打てます。ボードにヘッドが当たらないように上からボールをぶつけるようにして低く振り抜いてやります。

87

深いラフからはサンドウェッジ、フェアウエーからはアプローチウェッジがよい。

グリーンが高いところにある場合、低いボールで乗せようとすると、転がってオーバーしてしまいます。また、グリーン手前にバンカーなど障害になるもの(ハザード)があるような場合も、ボールを高く上げ、あまり転がらないショットを打たなければなりません。

サンドウェッジやアプローチウェッジのロフト角をいかしてボールを高く上げ、ピンの近くに落とすのがピッチショットです。

クラブの中でロフト角がもっとも大きくて、ボールがいちばん高く上がるのはサンドウェッジです。ただしこれはバンカーでヘッドの抜けをよくするためにソールに厚みがあるので、フェアウエーの芝が薄かったり下が固いところで使うと、ヘッドが跳ねてトップする恐れがあります。

サンドウェッジとピッチングウェッジの中間的なクラブにアプローチウェッジ（メーカーによって呼び方が違う）があります。これはアプローチサンドともいわれ、ロフト角はサンドウェッジに近いのでボールはよく上がります。ソールはサンドウェッジのような厚みがないので、フェアウエーでもヘッドが抜けやすく設計されています。深いラフからはサンドウェッジを使い、フェアウエーからピッチショットをするときはアプローチウェッジのほうがよいでしょう。

88

ピッチショットでは手首をコックして、グリップエンドをボールに向けて上げる。

バックスイングで早めにリストをコックする。

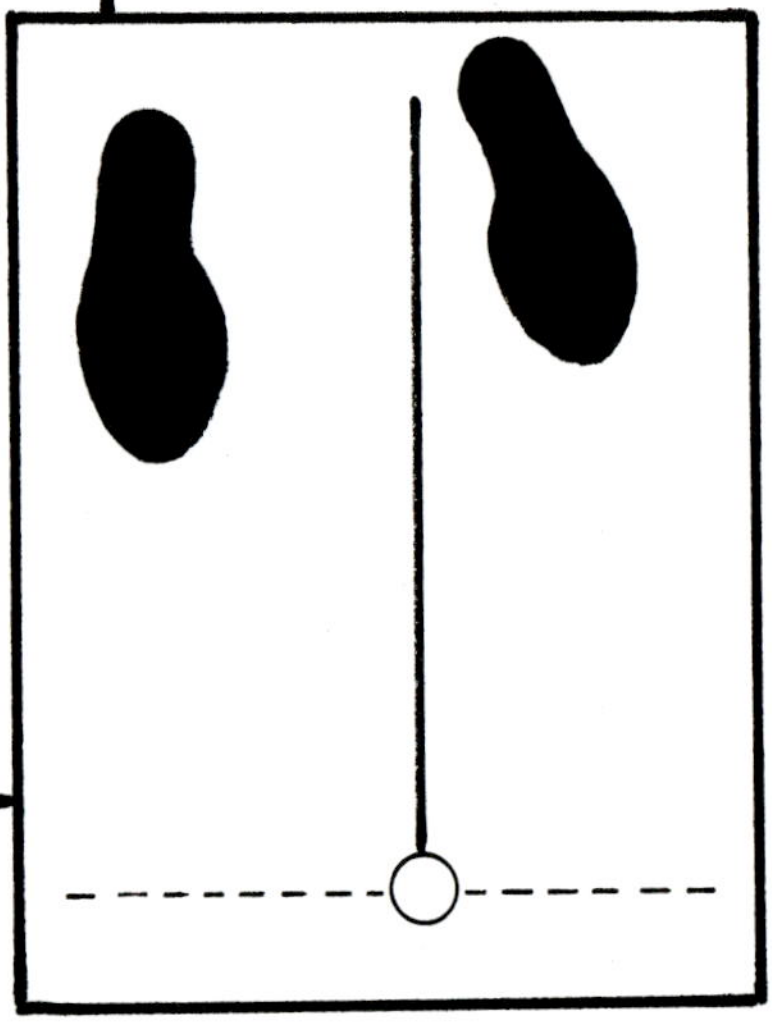

ロフト角通りに構え、左足をやや下げたオープンスタンスにし、ボールの位置はスタンスの中央か、やや左足寄り。

ピンまでの距離は同じでも、ランを主体にしたチップショットより、高く上げてランを少なくするピッチショットのほうがスイングは大きくなるので、スタンスも当然広くなります。チップショットはほとんど手首を使わずにストロークしますが、ピッチショットはバックスイングで早めにリストをコックします。

また、ピッチショットはアプローチウェッジ（あるいはサンドウェッジ）のロフト角を十分にいかしてボールを高く上げるため、**チップショットのようにフェースをかぶせないで、ロフト角通りに構えます。**

左足を目標線の後ろにやや下げて軽いオープンスタンスにし、ボール位置はスタンスの中央か、やや左足寄り。体重配分は左右五分五分です。ロフト角以上にボールを高く上げようとするときはスタンスをさらにオープンにし、フェースを開いておいて打つこともあります。

手を構える位置はチップショットと同じように左太ももの内側ですが、ボールをスタンスの中央あるいは左足寄りに置くので、チップショットほどハンドファーストにはなりません。ボール1個分ぐらいヘッドより手が前（左）に出る程度です。アドレスしたとき、グリップエンドがボールの真上と思ってよいでしょう。

オープンスタンスに構えたら、インサイドに引かないで飛球線の後方へ真っすぐ上げましょう。リストを早めにコックし、グリップエンドをボールに向けてバックスイングしてみてください。

89

ピッチショットは、フェースを返さず、体の回転で振り抜く。

手と体を一緒に左に回し、フォロースルーで体を目標に向ける。

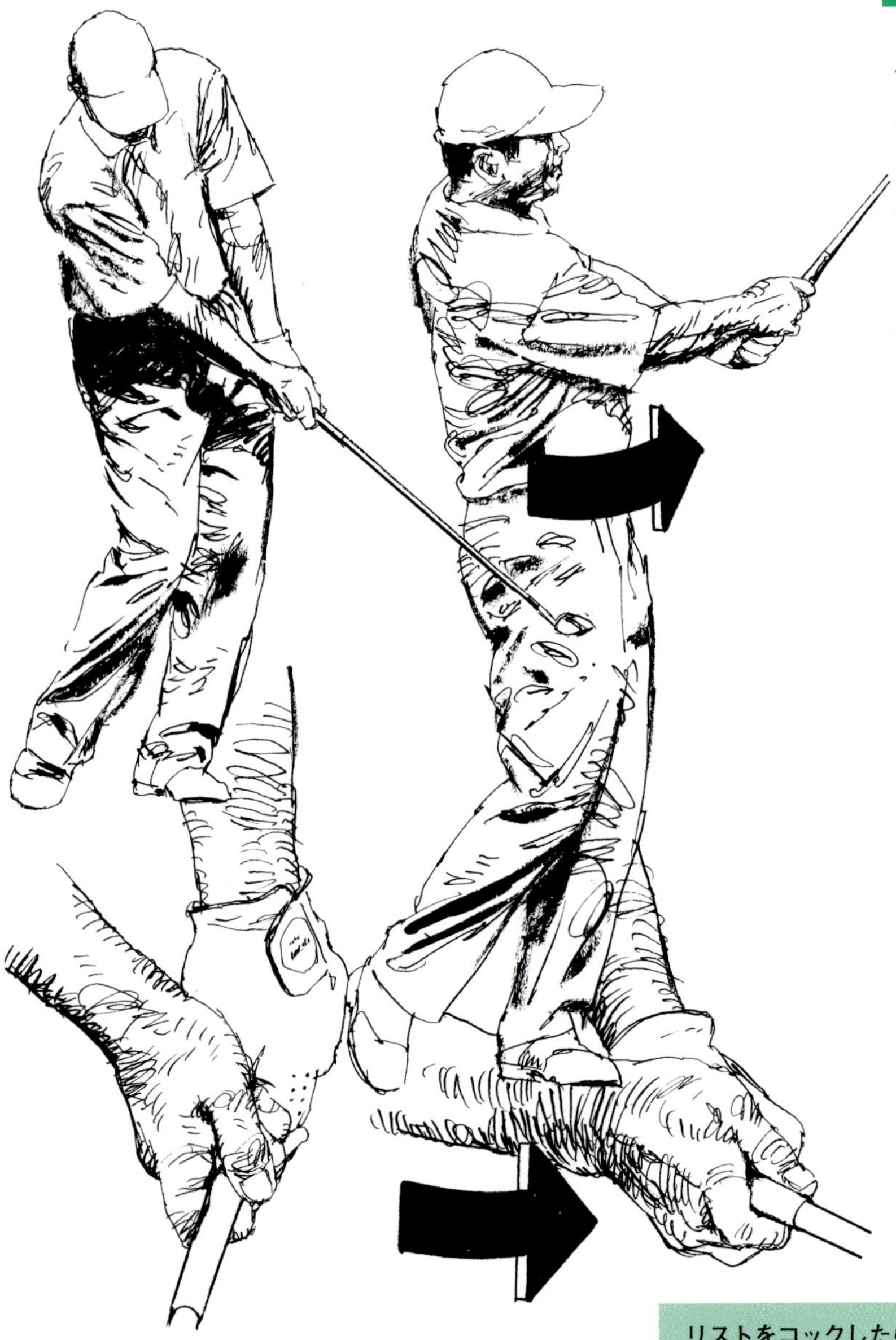

リストをコックしたら、右手首を曲げたまま、体の回転で振り抜く。

右ひじを支点に、親指のほうへ手首を折ってリストをコックしたところが、ピッチショットのトップスイングです。右ひじをたたんでリストを早めにコックすれば、そこで打つ体勢ができるので、そこから振り下ろしてくることができます。

アプローチウェッジは十分なロフト角があるので、振り抜くときに体を止めてヘッドを返すと、左に引っかかるので、フェースを返さず、体の回転で左に振り抜いてやります。手と体を一緒に左に回し、フォロースルーで体を目標に向けるのです。アドレスしたら、そのまま手と体を一緒に左に回したのが、ピッチショットのフォロースルーです。

ピンまで10ヤードぐらいの短い距離でも、ピッチショットは体の回転で振り抜いて、打った後、体をピンのほうに向けます。手は体の前にあって、グリップエンドは左の腰骨のあたりをさします。体を止めて手で振り抜いてボールを上げようとすると、手首をこねて右手首が伸びるので、すくい上げてダフったりトップしたりするミスが多くなります。バックスイングでリストをコックしたら右手首を曲げたまま、体の回転で振り抜いてやるわけです。

左わきにタオルをはさんで、インパクトの後も、それを落とさないように手と体を一緒に回して振り抜く練習をしてみましょう。左わきをつけたまま体の回転で振り抜くと、ボールは柔らかく上がるようになります。

90

「9時」まで上げて、「3時」まで振り抜いて飛んだその距離を基準にする。

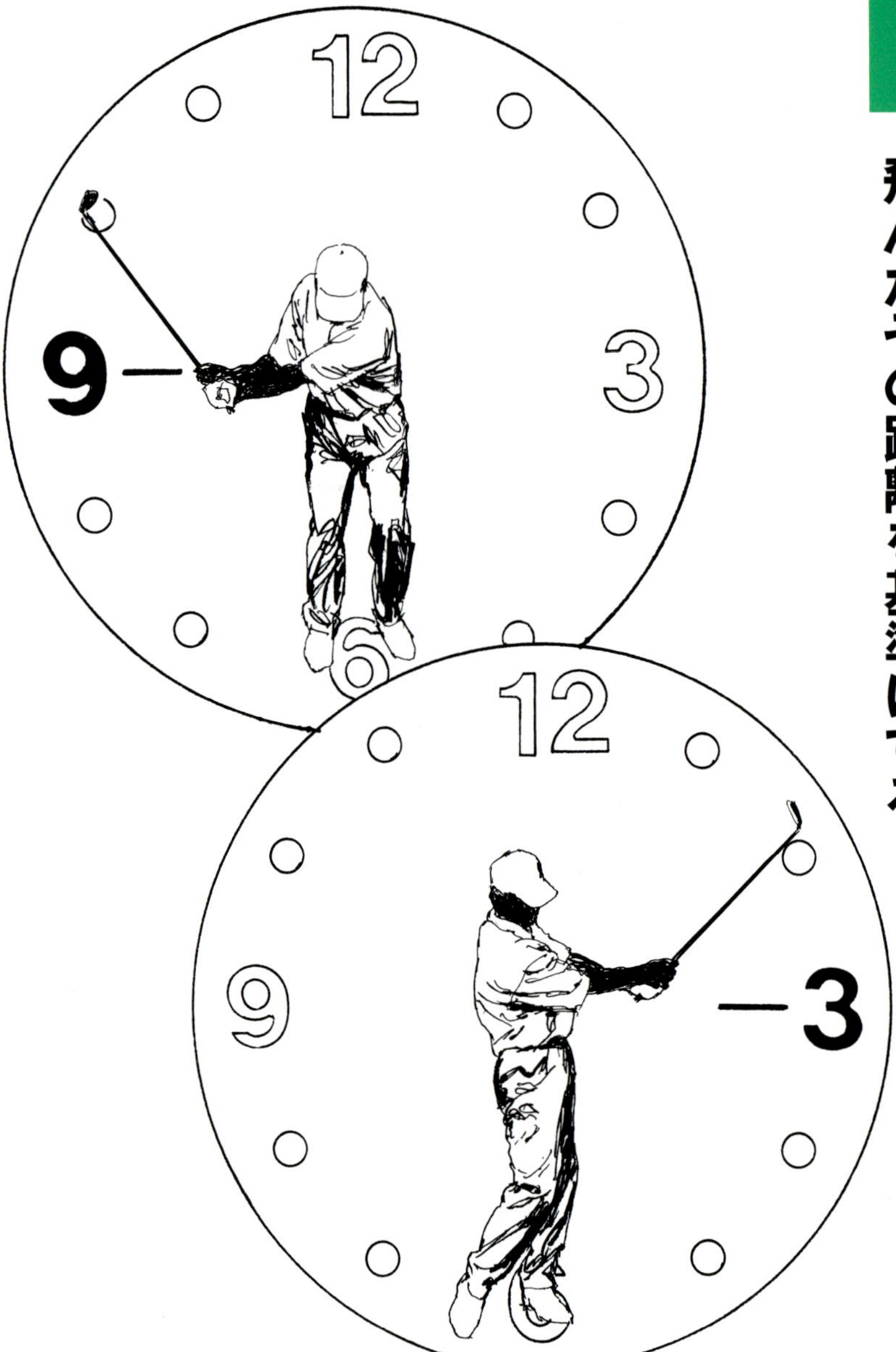

距離の打ち分けは、スイングの大きさで決める。「9時」から「3時」までスイングしたときの距離を基準にし、それより大きく、または小さくというように考える。

距離の打ち分けはインパクトの強さではなく、スイングの大きさで行ないます。時計の文字盤をイメージし、「9時」までバックスイングしたら「3時」まで振り抜いて、それでどのくらい飛ぶかをみてみましょう。力を入れずに「9時」から「3時」までスイングしたときの距離を基準にし、それよりスイングを小さくしたり大きくしたりして距離を打ち分ける練習をします。

スイングには自分でクラブを振る部分と、クラブに振られる部分があります。自分でクラブを振るのはバックスイングしてトップからダウンスイングに切りかわるところまでで、その後はクラブの動きにまかせます。

ことにアプローチウェッジは、サンドウェッジとともにもっとも重いクラブです。バックスイングしてダウンスイングに切りかわったら、クラブが下りてくるのにまかせるようにしましょう。自分でスピードを出そうとしないで、クラブの重さにまかせ、スイングスピードは変えずに、スイングの大きさだけで距離を打ち分けるようにします。

また、肩から両手をだらりと垂らした状態で、クラブヘッドを少し浮かして構えてみましょう。まったく力を入れずにソフトにグリップすれば、クラブの重さが十分に感じとれます。それでフルスイングをして、飛距離を落とす練習をしてみましょう。フルスイングといっても、アプローチウェッジはスリークオーターぐらいの振り幅。せいぜい右肩から左肩ぐらいの振り幅で十分です。

それで**できるだけ「飛ばさない」スイングを練習してみましょう。スイングの大きさは変えずにどこまで距離を落とせるかやってみてください。そうすると本当にクラブの重さにまかせてゆっくり振れるようになります。**

91

距離を打ち分けるピッチショットは、バックスイングでコントロール。

ピッチショットで距離の打ち分けがうまくできないでいる人は、バックスイングを大きく上げてインパクトで力を抜いたり、小さく上げてインパクトで力を入れたりしています。

バックスイングの大きさをコントロールできないと、ダフったりトップしたり、あるいはシャンク（ヘッドの取り付け部分に当たって45度ぐらいの角度で右に飛び出すミスショット）したりしてしまいます。

大きく上げてインパクトを緩めて距離を加減しようとするとだいたいダフリます。逆に小さく上げてインパクトを強くしようとするとトップしたり、体が先に出ていってシャンクしたりします。

距離を打ち分けるためには、バックスイングの大きさを自分で自由にコントロールできるようにならないといけません。時計の文字盤をイメージして「9時」までバックスイングしようと思っても、そこで止まらずに、それよりだいぶ大きく上がってしまうという人が多いと思います。

これは、右ひじを伸ばして体から離してしまったり、右手首が固いためにリストのコックがうまくできなかったりするためです。右ひじを曲げ、体（脇腹）に軽くつけて、右手首に力を入れずに構えます。そして下に向けた右ひじを支点にし、クラブヘッドからテークバックします。そして手首を親指のほうに曲げてリストをコックします。すると打つ体勢が早くできるので、「9時」以上に大きく上げなくても、振り下ろしてこられるようになります。

レッスン 10

バンカーから一発で出す

バンカー

Bunker

使うのは主にサンドウェッジ。ピッチングウェッジとアプローチウェッジのソールは平らに作られていますが、サンドウェッジのソールは厚みがあり、船底のように丸みを帯びて後ろのほうが出っ張っています。これはバンスといって、砂に打ち込んだときにヘッドが深く入り過ぎないように、抜けやすく設計されています。このことをよく理解すれば、バンカーは恐くありません。

バンカーショットは、アプローチの3倍近いバックスイングが必要。

ピンまで届かせるには、ピッチショットの3倍のスイング。

飛び過ぎを恐れず、ボールの2〜3センチ手前に思い切って打ち込む。

バンカーショットはボールを直接打たずに、ボールの2〜3センチ手前にヘッドを打ち込んで、砂と一緒にボールを出します。そのためバンカーショットはブラスト（爆打）とかエクスプロージョン（爆発）ともいわれています。

砂を打ってボールを出すのですから、相当大きなバックスイングが必要で、ピッチショットの3倍ぐらいのバックスイングをしないとピンまで届かせることはできません。

つまりピンまで15ヤードのバンカーショットは、45ヤードぐらいのピッチショットだと思えばよいのです。バンカーからピンまで20ヤードぐらいなら、サンドウェッジでフルショットに近いバックスイングが必要だと思ってください。

ところがバンカーショットが苦手だという人は、みな飛び過ぎを恐がって、小さいバックスイングになっています。そのため、手首を使ってボールをかき出すような打ち方をしています。

飛び過ぎを恐れずに十分にバックスイングし、ボールの2〜3センチ手前に、加減しないでドーンと打ち込んでやりましょう。

フェースを少し開いて、ソールを砂に打ち込み、ボールの下の砂を打ち抜いてやるのです。すると、その勢いで砂が舞い上がり、一緒にボールが上がって出ていきます。

練習の方法は、ボードの上に2〜3センチの厚さで砂をのせ、その上にボールを置き、サンドウェッジで打ってみます。ボールの少し手前にソールを打ち下ろすと、ヘッドがボールの下を通過し、砂と一緒にボールが飛んでいきます。これでバンカーショットの原理がよくわかると思います。

93

オープンスタンスで、フェースを寝かせ、バンスから砂に打ち込む。

スタンスに沿って振り抜く。アウトサイドインにスイングしている感じになる。

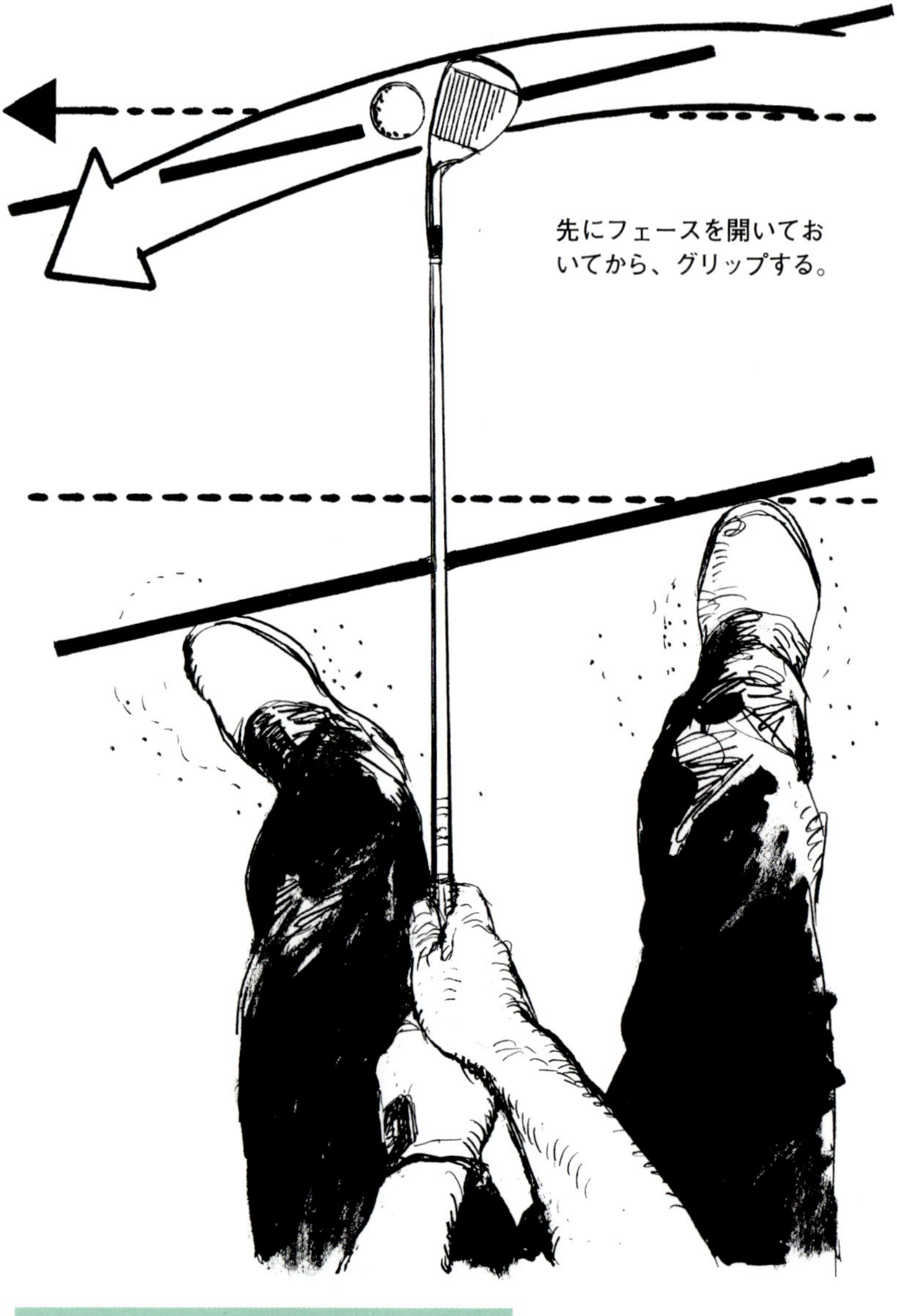

先にフェースを開いておいてから、グリップする。

左足を引いてオープンスタンス。バンカーショットは、ボールの手前の砂を打つので、手はヘッドの上に構える。

バンカーショットの基本的なスイングは、まず、下半身を安定させて、十分なバックスイングをとるためにスタンスを広くし、重心を低くとります。

左足を引いてオープンスタンスにし、フェース（ロフト）を少し寝かせて（開いて）構えます。フェースを寝かせると、バンス（ソールの後ろ側の出っ張った部分）から砂に入れやすくなるので、ヘッドの抜けがさらによくなります。

ボールは左足かかとの内側に置きますが、オープンスタンスで構えると、ボールが体の中央にあるような感じになります。体重は左足に多くかけ、ヘッドを打ち込もうとするところ、ボールの2～3センチ手前を上から見て、構えます。

バンカーショットが苦手だという人は、通常のアイアンショットと同じように手をヘッドより前（左）に出し、いわゆるハンドファーストに構えています。アイアンショットは、ボールをヒットしてから芝を取るために手をヘッドの前に構えるのですが、バンカーショットは、手前の砂を打つので手をヘッドの上に構えなくてはいけません。バンカーで手をヘッドより前に構えると、ボールが上がらず土手にぶつかったり、ボールに直接当たって「ホームラン」したりします。**手をヘッドの上に構え、スタンスをオープンにするとフェースが寝てバンスから砂に打ち込めるので、ボールは高く柔らかく上がるのです。**

また、ピンのやや右に向けてフェースを開いて構えても、大丈夫です。フェースでボールを直接打つショットと違い、バンカーショットは砂を打ち、砂の勢いでボールを飛ばすのですから、砂の飛ぶ方向へボールも飛んでいきます。フェースを多少右に向けても、スイングの軌道がよく、砂がピンの方向に飛べば、ボールもピンに向かって飛んでいきます。

94

バックスイングはフェースを開いたまま、オープンスタンスのラインに沿って。

左足を下げてオープンスタンスにし、フェースをピンに向けるとロフトが寝るので、結果としてフェースはやや開いた状態になります。しかし、フェースをスクエアにグリップし、それからフェースを開いて構えると、打つときにフェースが閉じてしまいます。これではボールが上がりません。オープンスタンスにして、先にフェースを寝かせて開いておき、それからグリップすることが大切です。

左足を下げてオープンに構えたスタンスラインに沿ってバックスイングをすると、スクエアに構えたときより、シャフトがやや外に上がります。左手の親指を立てるようにしてリストを早めにコックし、フェースを開いたままバックスイングしてください。左手の外側（甲側）に手首を折り、トップスイングでフェースが自分の顔のほうを向くようにします。

そして**バンスを砂に打ち込んだら、フェースを開いたまま、スタンスに沿って振り抜いてやります。**するど、スクエアスタンスのときよりインサイドに抜けるので、アウトサイドインにスイングしているような感じになります。体の回転する方向（左）に振り抜いてやると、ボールは柔らかく上がり、バンカーから出ていきます。

練習場のマットの上でもバンカーショットの練習はできます。左足を引いてオープンスタンスにしたらフェースを寝かせて構え、そのまま大きくバックスイングし、ボールの少し手前にドーンとヘッドを打ち込んで、左方向へ振り抜く練習です。

レッスン 11

カップに入れる

パッティング

Putting

「パットに定型なし」といわれるように、一流プレーヤーを見ても、グリップ、構え方、ストロークの仕方、それぞれいろいろなスタイルがあります。かなり変則的な打ち方をする人のなかにもパットの名手はいます。しかし形は違ってはいても、パッティングの上手なプレーヤーにはいくつかの共通点があります。

95

パット数を減らして、スコアを縮めよう。

ラインに対してフェースはスクエア。足と体も平行に構え、目はラインの真上にくる。

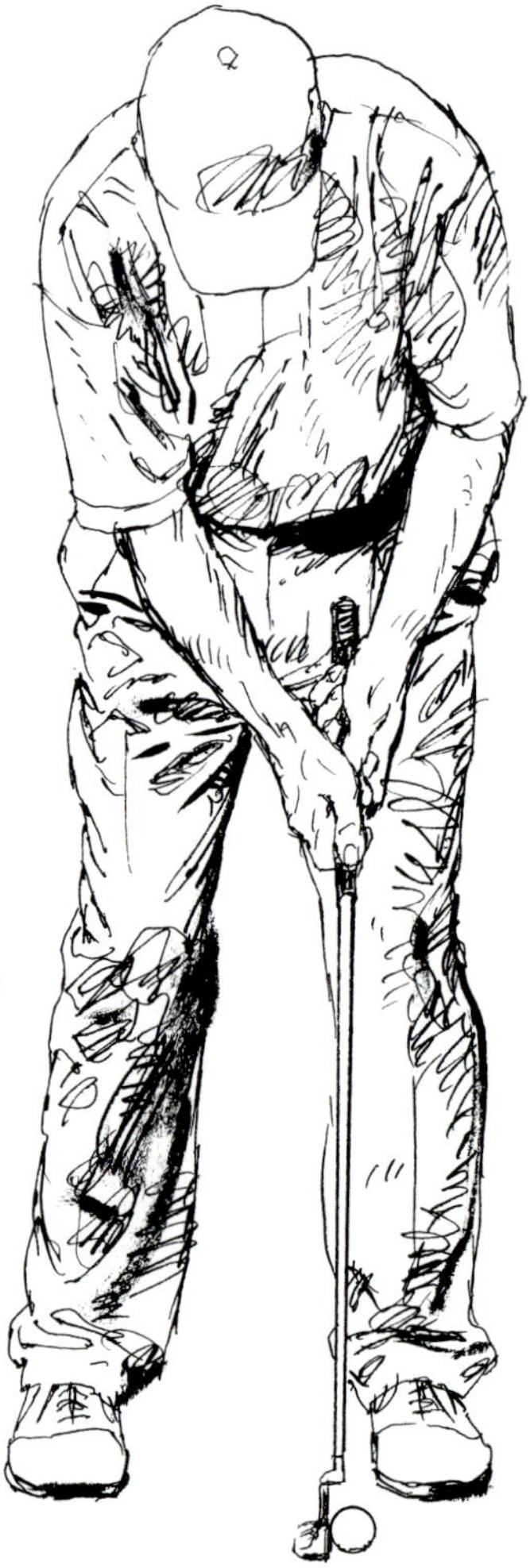

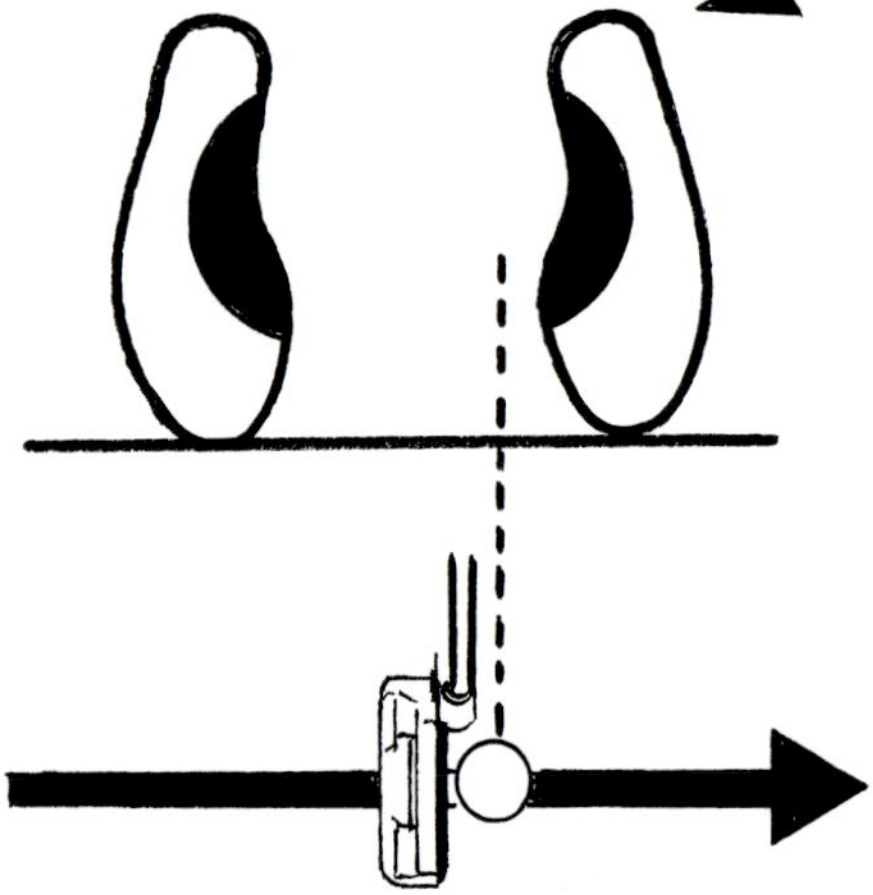

ボールはスタンス中央より、やや左足寄り。

ホールごとに定められている基準打数をパーといいますが、1ホールにつき2パットを基準とすれば、パー72のコースなら半数の36ストロークがパットに割り当てられていることになります。スコアカードにパット数をつけてみると、グリーン上で費やすストロークがいかに多いかわかります。

「ゴルフはリカバリーのゲーム」だといわれています。確かにショットのミスはまだ挽回のチャンスが残されていますが、グリーン上でのパッティングのミスはリカバリーできません。カップのエッジに止まって入らなかったパットも、250ヤードのドライバーと変わらない1打です。

プロゴルファーがどのショットよりもパッティングの練習をいちばん多くするのは、どんなにショットがよくてもパット数を減らさなければスコアを縮めることができないからです。アマチュアゴルファーも、ロングパットを寄せ、ショートパットをはずさなければ、ショットは今のままでもハーフ2～3打スコアを縮めるのは決して難しいことではありません。以下のことを守って練習してみてください。間違いなく、パッテイングは上達します。

①両手のひらを向き合わせ、ボールを転がそうとするラインにパターのフェースをスクエア（直角）に向ける。
②ボールを転がそうと思っているラインに足と体を平行に揃える。
③スタンスのセンターよりやや左足寄りにボールを置いて、ウエートは左右の土踏まずに均等にかける。
④ボールの近くに構えて顔を真下に向け、目がラインの真上にくるようにする。
⑤ストロークする間、グリップの強さを一定にする。
⑥ボールがホールに入ることを頭に描いてストロークする。

96

グリップはどんなスタイルでも、両手の向きを左右対称に。

手のひら、指、グリップをやわらかく密着させて体と道具を一体化させる。

右手の小指を左手の人さし指と中指の間に乗せるオーバーラッピンググリップ。

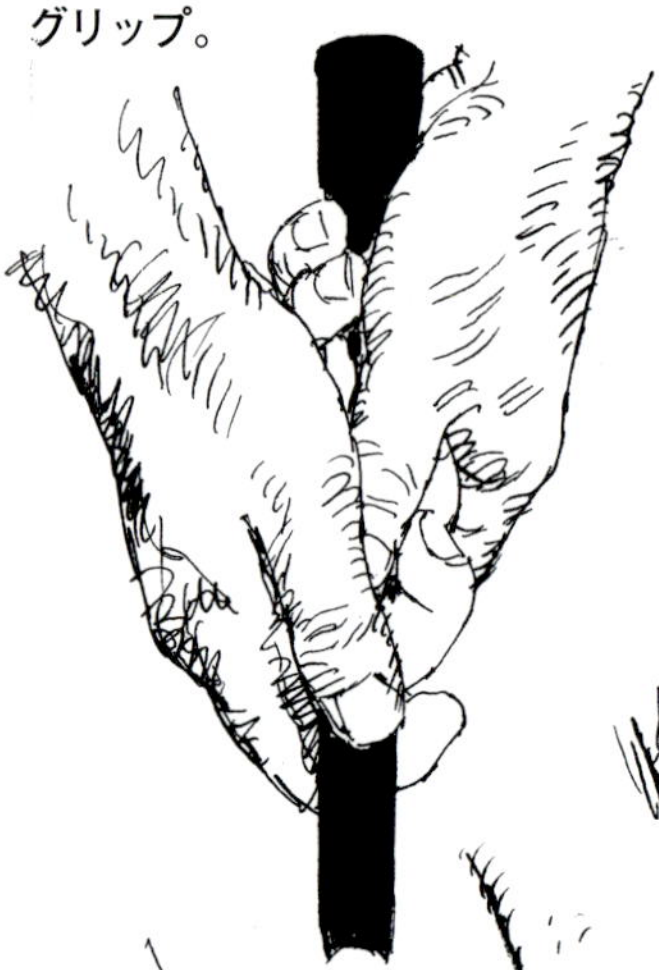

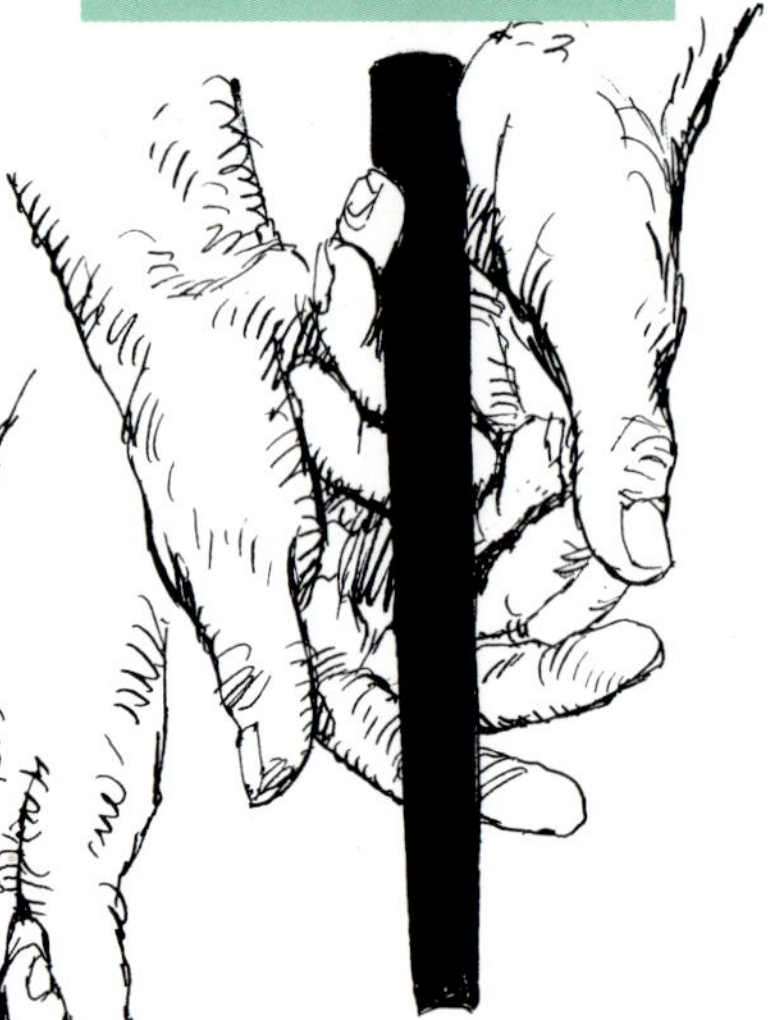

右手の指に左手の人さし指を乗せるリバースオーバーラッピンググリップ。

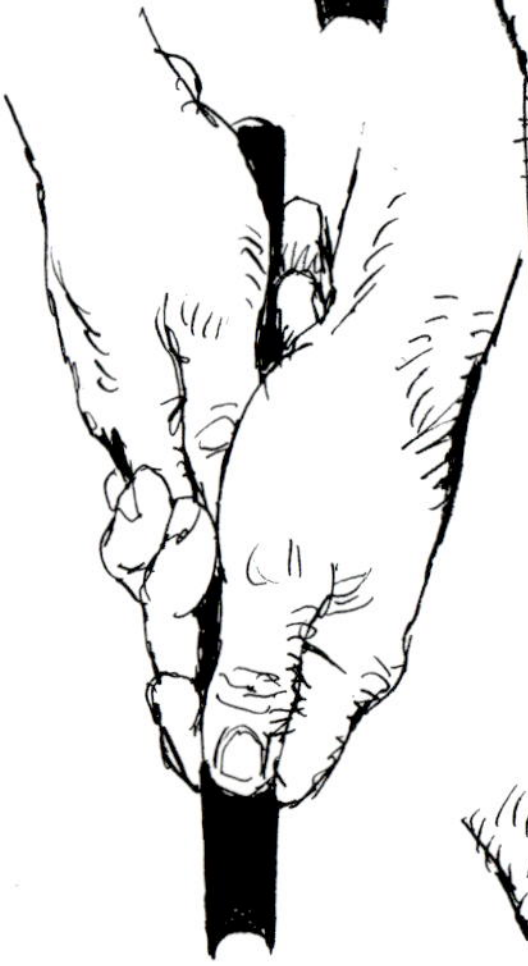

左手が右手の下になるクロスハンドグリップ。

右手と左手の人さし指がグリップをしっかり固定するクロスハンドグリップの一種。

両手を離して握るスプリットグリップ。

パッティングのときのグリップには、いろいろな形があります。

①ショットと同じように右手の小指を左手の人さし指と中指の間に乗せるオーバーラッピンググリップ。

②右手の指に左手の人さし指を乗せるリバース（逆）オーバーラッピンググリップ。

③左右の手を逆にして左手が右手の下になるクロスハンドグリップ。

④10本の指全部で握るテンフィンガーグリップ。

⑤両手を離して握るスプリットグリップ。

パッティングには、他にもいろいろなグリップの仕方がありますが、大切なのは両手が左右対称になるようにパターを持つことです。左手がスクエアなら右手も同じようにスクエアに、左手を開いて握ったら右手も同じように開いてグリップします。

また、ショットをするときのように左手をかぶせて右手を開き気味にグリップすると左に引っかけやすく、左を開いて右手をかぶせるとテークバックが外に上がります。**フェース面を変えずに真っすぐストロークするには、両手をやや開き気味にグリップするのがよいでしょう。**

そして、ショットと違ってパッティングは手首を使う必要がないので、左手のひらの生命線に沿ってグリップします。

97

ストローク中は、グリップの強さは一定にする。

パターヘッドの重みを利用して振り子と同じテンポでゆったりとストロークできるように、グリップの強さは最後まで変えないようにします。

ストローク中に握りの強さが変わると、振り幅が同じでもインパクトの強さが違ってくるので、距離感も一定しなくなります。グリップの強さが一定であればテンポも一定します。

柔らかくグリップしていても、プレッシャーがかかるとインパクトで思わず力が入り、打ち過ぎることがあります。**左手の親指と人さし指を除いた3本の指である程度強めに持ち、左手首をしっかりさせたほうが、左腕とシャフトに一体感を持たせることができます。**

パターは主に左手で持つようにし、右手は手のひらをシャフトにあてがって、指には力を入れないようにします。とくに右手の人さし指に力が入ると、右手首を使って左に引っかけることがあるので気をつけましょう。

パターは目いっぱい長く持たずに、グリップエンドを少し余らせて持つほうがコントロールしやすく、フェース面の狂いも少なく、狙いどおりのパットができます。

98

スタンスはオープンでもクローズでも両肩はラインと平行。

パッティングのときのスタンスは、スクエアスタンス、オープンスタンス、クローズドスタンスの三つに分けられます。

スクエアスタンスは、パッティングラインに両足を平行に向けたもっともオーソドックスなスタンスで、両ひざ、両肩も平行に揃えます。

オープンスタンスは、左足をラインの後ろに下げて両足のラインを左に向けます。ラインが見やすく、フォロースルーを出しやすいのですが、スタンスと一緒に肩も開きやすくなり、ボールを左に引っかけやすいので注意が必要です。スタンスは左向きでも、両肩はボールを転がそうとするラインに平行に向けることが大切です。

クローズドスタンスは、右足を引いて両足のラインを右に向けます。左サイドがしっかりし、強めにヒットできます。ただし肩まで右に向けるとフェースも右を向いてボールは右に出やすくなるので注意しましょう。

手の動きは、目の向きによっても違ってくるので、ボールを打ち出そうとするラインに、両目を平行に向けることも大切です。

ラインを真上から見て、なおかつ両目を平行に合わせます。そうすると両肩もパッティングラインと平行になります。

ボールの位置は、スタンスのセンターよりやや左寄り。それでボールの真上に左目がくるようにします。そうすると首のつけ根はボールの後ろにきて、両目、両肩がラインと平行になります。左目から落としたボールが下に置いたボールに当たるように、あるいは左目から垂らしたパターのヘッドがボールをさすようにしましょう。

99

頭は動かさずに、ストローク。

真ん中よりやや左足寄りに置いたボールの真上に左目を構え、顔を動かさずに打つとアッパーブロー気味にストロークできるので、ボールの転がりがよくなり、球足の長いパットができます。

右足寄りにボールを置いたり頭が左に動いたりすると、ボールがはずんで転がりが悪くなるのでショートし、ラインからもずれてしまいます。

また、左目の真下にボールを置いたら、顔を真下に向けて構えます。顔を起こすとライン（ボール）を真上から見ることができません。**ボールを真上から見て、なおかつ顔を真下に向けて、顔がグリーン面と平行（水平）になるようにします。**

プロの構えを見てもスタンスの広さは千差万別ですが、大事なのは下半身を安定させること。体重は左右均等にかけ、どっしりと地面に根を生やしたように足の裏全体で構えましょう。体が左に流れないようにするには、少し左サイドにウエートを置いてみるのもよいでしょう。

下半身が弱ってくるとプロでもパットが入らなくなるといわれています。下半身が疲れてくるとひざや腰が微妙に動くために思ったタッチが出せなくなり、距離感も合わなくなるというのです。

100

速いグリーンでは手首を使わず、腕と肩でストローク。

パッティングの打ち方には、リスト（手首）を使って、ピシッとヒットするタップ式と、手首を使わずに、腕でストロークするスイープ式があります。ストロークの違いは、グリーンの速さからもきています。プロの間でも昔はリストを使うタップ式が多かったのは、日本は芝目の強い高麗グリーンが多く、リストを使ってピシッとヒットしたほうが高麗グリーンの芝目に負けず、遅いグリーンでもロングパットの距離感をつかみやすかったからです。

現在は、芝目が少なく、スムーズに転がるベントグリーンに変わってきています。

スイープ式はリストを使わず、肩から腕、シャフトと一体にしてストロークするわけですが、これは首のつけ根を中心とした振り子運動と思えばよいでしょう。手首を使わずに、主に腕でストロークするのですが、ロングパットになると肩も使います。バックストロークで右肩を、フォロースルーで左肩をはずすようにしてストロークします。

ストロークは、振り子をイメージしてゆったりとしたテンポで行ないます。**パターのフェースをラインにスクエア（直角）に向け、真っすぐストロークするといっても、振り幅が大きくなればパターのヘッドは少しはラインの内側に入ってきます。**フェースもバックストロークでやや右、フォロースルーでは多少左を向きます。それを無理に、真っすぐスクエアに上げようとするとフェースは閉じて外に上がり、フォロースルーでフェースをスクエアに向けておこうとするとフェースが開いて当たり、ボールはラインの右に出ていってしまいます。ストロークが大きくなればフォロースルーでフェースがやや左を向いてもいいのです。

101

カップを見ながら素振りをし、アドレスしたらすぐに打つ。

カップに向かって手でボールを転がしてみてください。ボールを手に持って、カップを見ながら2～3回腕を前後に振って距離感をつかみ、それから実際にボールを転がすでしょう。

カップを見ないでボールを転がすより、目標のカップを見ながら転がしたほうがボールは寄っていくはずです。

これはボールをトスするときも同じです。トスしようとするところを見ながらボールを放ってやるように、パットをするときも、必ずカップを見ながら素振りをします。そして目でつかんだ距離感を、素振りをすることによって頭に刻み込み、ボールを打つときはその素振りを再現するのです。

ショットをするときの素振りは体をほぐすためにやっている人が多いと思うのですが、アプローチとパットの素振りは距離感をつかむためのものです。ただ何となく手を動かすのではなく、アプローチはボールを落とそうとするところに集中し、実際に打ってやるようなつもりで素振りをするのです。

パットをするときもカップを見ながら、実際にボールを転がすようなつもりで素振りをしながら距離感をつかみます。そしてアドレスして、もう一度カップのほうを見て、ボールに目を戻したらすぐに打つ、という練習をしましょう。アドレスした後、何度もカップのほうを見て時間をかけていると、素振りでつかんだ距離感が消えてしまいます。

また、**パットでいちばん必要なのは自信です**。練習のときから、カップにボールが寄っていって、ホールに転がり込むシーンを心に描いて打つようにしましょう。そして「自分はパットがうまいのだ」と思い込むことです。

102

カップを見ながら打つ練習で、距離感を養う。

パターのフェースをラインに真っすぐスクエアに向けてアドレスしたら、後はボールを見ないで、カップを見つつ打つ練習をしてみてください。ボールを見ないで打つというのは不安かと思いますが、芯（スイートスポット）をはずれてもいいから、とにかくカップを見ながら打ってみてください。

実際に打ってみるとわかりますが、カップのほうに目をやっていても、ヘッドの動きは見えています。ボールもかすかに見えているので、軸が動かなければ目をつむっても打てるので、カップを見ながらでも平気です。

これは距離感を養うための練習です。ボールを見て打つよりカップを見ながらのほうが、ロングパットは間違いなくうまく寄っていきます。

パッティングの構えをして、右手にボールを持って、パットをするようなつもりで、右手をカップに向けて、ボールを転がしてみてください。手でボールを転がすときは必ずカップを見ています。

ですから、パターを持ったときも同じような感覚でカップを見ながら、実際にパットをしてみるわけです。パットは打つのではなく転がしてやるのだということ。**右手をパターのフェースだと思って、打とうとしないで転がすような感覚でパットをする練習をするのです。**

試合のとき、スタート前の練習グリーンでプロはよくカップを見ながら打っています。そうして距離感を磨いて、実際にパットをするときも頭にカップを思い描いて打つようにするのです。

103

平行に置いた2本のクラブの間を、スクエアにストロークする練習。

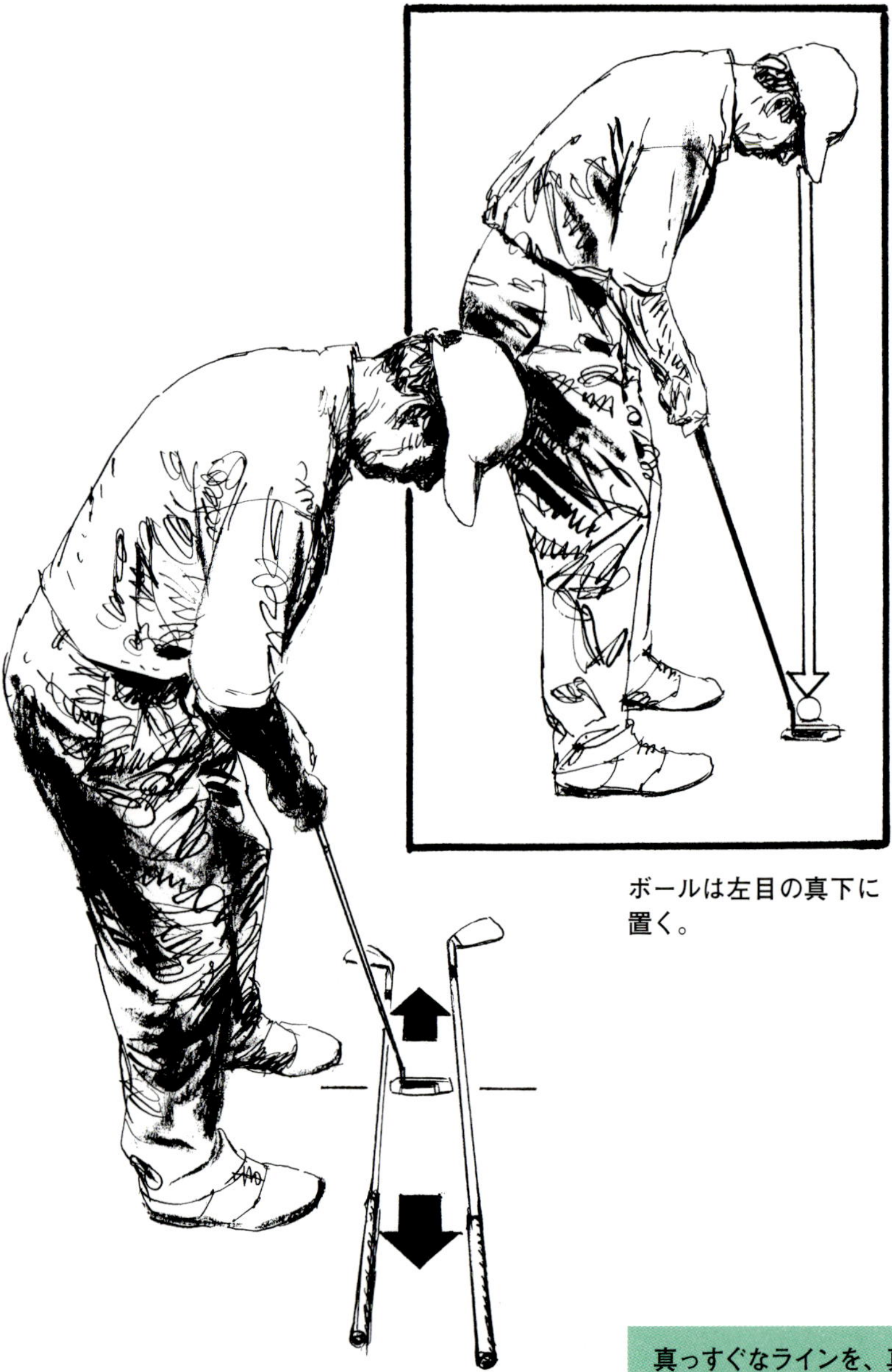

ボールは左目の真下に置く。

真っすぐなラインを、真っすぐに打つのがパッティングの基本。

真っすぐなラインを真っすぐに打つことが、パッティングのいちばんの基本です。それにはまず、ラインにフェースをスクエア（直角）に向けることが大切です。

スクエアに構えているつもりでも実際は開いて右に向けている人が多いので、四角いコーナーにでもフェースをぴったりつけて構え、スクエア感覚を身につけることから始めましょう。これは部屋の中でもできるので、毎日練習して正しく構えられるようにします。

ボールの位置によってもフェースの向きは違ってきます。**ボールをスタンスの真ん中に置いて、ヘッドを真ん中より右に構えるとフェースはだいたい右を向きます。ボールを左足寄りに置いて、左目からパターを垂らしたところにボールを置くようにします。それが正しいボール位置です。**それでヘッドをスタンスの真ん中に構えれば、フェースは狙ったラインにスクエア（直角）に向きます。

ボールを横（右）から見て構えたときにもフェースはだいたい右を向きます。横からボールを見ようとして首を右に傾けると目線が右を向きます。そうなると、フェースをスクエアに向けると左を向いているように思えるので、だんだん右に向けてしまうのです。首は右にも左にも傾けないで、真っすぐに構えるようにしましょう。

パターのヘッドがやっと通るぐらいの間隔にクラブを2本平行に置いて、その間を真っすぐ、フェースをスクエアにストロークする練習をしましょう。

内側に引いたり外側に上げたりすればすぐにわかります。2本のクラブの間を真っすぐフェースをスクエアに引いて、真っすぐ出してやる練習です。

104

ショートさせないために、下半身を動かさずに打つ練習。

ロングパットで大切なのはなんといっても距離感です。グリーンの傾斜を読んでパッティングラインを決め、体を平行に向けてフェースをスクエアにセットしたら、あとは距離感だけです。方向は構えた時点で決まっているのですから距離を合わせることだけに集中すればよいわけです。しかし、10メートル以上のロングパットになると、ショートしたりオーバーしたりしてカップの前後2メートルぐらいの距離の狂いが出てしまうのは、決して珍しいことではありません。どうしてこんなに大きく距離感が狂うのでしょう。かなりショートするとしたら、これは体が動いているためです。

ボールが転がっていくのを見ようとして体まで出ていくと、しっかりヒットできないのでインパクトが弱くなり、そのためにショートしてしまうのです。

とくに大事なのが下半身です。**腰がちょっと動いてもインパクトは弱くなるのでショートします**。腰が動かないように、たとえば誰かに押さえてもらって打つとしっかりヒットできるので、それまでより小さいストロークでカップに届くことがわかります。

左足を右足の前に出し、両足を交差させて構えると、下半身が動かなくなります。下半身がしっかりすれば体が出ていかなくなります。構えた位置で腰を動かさずに打てるのでインパクトがしっかりし、ロングパットがショートしなくなります。

部屋のなかで壁に向かって打って、壁に当てずに10センチぐらい手前で止める練習をしてみてください。下半身が動くと思ったとおりのタッチを出せず、弱すぎてだいぶ手前で止まったり、打ち過ぎて壁に当たったりします。やはり両足を交差させて打つと、ぎりぎり手前で止められるようになります。

105

コインの上にボールを乗せておき、ボールだけを打つ練習。

パターヘッドの上のセンター部分には、スイートスポット（中心点）を示す丸印や線が入っています。シャフトをつまんで持って、ボールをフェースにコツンコツンとぶつけたとき、音を吸収して振動が手に伝わらないところがあります。それがスイートスポットです。

しかし印のついたところで打っても、フェースの上部に当たるとボールははずむようにして出ていきます。フェースの上部はボールの転がりがよくないので、カップをショートすることが多くなります。

パターのソールをグリーンにぴったりつけずに少し浮かした状態で、ボールのセンターよりやや上を打つようにしたほうがオーバースピンがかかるので、ボールの転がりはよくなります。一般のアマチュアゴルファーはフェースの上の部分で打っている人が多いので、ボールの下にコインを置いて練習をしてみましょう。

コインの上にボールを乗せたら、ソールをコインにつけずに少し浮かし気味に構え、コインを打たずにボールだけを打つ練習をします。そうすると、ちょうどフェースのスイートスポットでボールの芯を打つことができるので、ボールはなめらかに転がっていきます。球足の長いパットが打てるようになり、ショートしなくなります。

ソールで芝をするような打ち方をするとフェースの上部に当たるので、あまり転がりのよいパットはできません。ソールを浮かし気味にして芝に触れないようにして打つ練習が必要です。

106

二つのボールの間を通してストロークし、フェースの芯で打つ練習。

ボールに対してパターのスイートスポットにヒットさせようと構えても、そこにボールをヒットできる人はそう多くはなく、センターよりややトウ（先）寄りで打っている人が多いようです。そうすると、ボールはだいたいショートし、ラインの右にはずれます。芯をはずれて当たればタッチが弱くなり、トウ寄りに当たればフェースがやや開いて当たるのでボールは右に出ていくのです。どちらかといえば、ややネック（つけ根）寄りでヒットしたほうがしっかり打て、フェースの狂いも少ないようです。

パターのヘッドがやっと通るくらいの間隔に二つのボールを置いて、その間を通して打つ練習をしてみてください。構えたところをヘッドが通らなかったら、どちらかのボールに当たります。二つのボールの間を通そうと思えば集中力も高まります。

また縦に並べた二つのボールを同時に打つ練習をすると、インパクトのときのフェースの向きをチェックできます。フェースがスクエア（直角）に当たれば、二つとも一緒に真っすぐ出ていきます。ところがフェースが開いて当たれば、手前のボールが先に出ていき、かぶって（閉じて）当たれば外側のボールが先になります。

パットはフェースの向きによって方向が決まります。多少軌道が違ってもフェースがスクエアに当たればボールは真っすぐ出ていきます。ところがフェースの向きが少しでも狂ったら、軌道はよくてもフェースを向けた方向にボールは出ていきます。

107

フォロースルーだけで、ボールを転がしてみる。

構えたら、テークバックをしないでフォロースルーだけでボールを打ってみましょう。ただし完全な静止状態からいきなりヘッドを出そうと思ってもうまく打てないと思います。アドレスしたら手を少し前（目標方向）に出すフォワードプレスをすると、そのままフォロースルーを出してやることができます。いったん手を前に出してからヘッドを出してやるわけです。

これは部屋の中でもできますが、コースの練習グリーンでもやってみてください。ボールが真っすぐスムーズに転がっていくことに気づくはずです。パッティングはいかに転がりのよいボールを打つか、なのです。

転がりのよいボールを打つにはフォロースルーがいかに大切であるかがよくわかります。ボールにヘッドをぶつけるような打ち方をするとボールは勢いよく出ていっても、思ったほど伸びずに止まってしまいます。

大きく上げてインパクトで距離を加減しようとして手を止めてしまうのがいちばん悪い打ち方です。

小さめにテークバックし、フォロースルーを大きく出すと、一見弱そうに見えてもボールはよく転がって伸びていきます。この練習をすると、球足の長いパットが真っすぐ出ていくので方向もよくなります。

パットの上手な人はみな小さめのバックスイングからヘッドを出しています。プレッシャーがかかってしびれると、フォロースルーで手が動かなくなるので、ふだんからヘッドを出す練習をしていると、プレッシャーがかかっても打てるようになります。

108

ライン上に目印を見つけ、そこに向かって打つ練習。

30センチくらい先に目印を見つける。

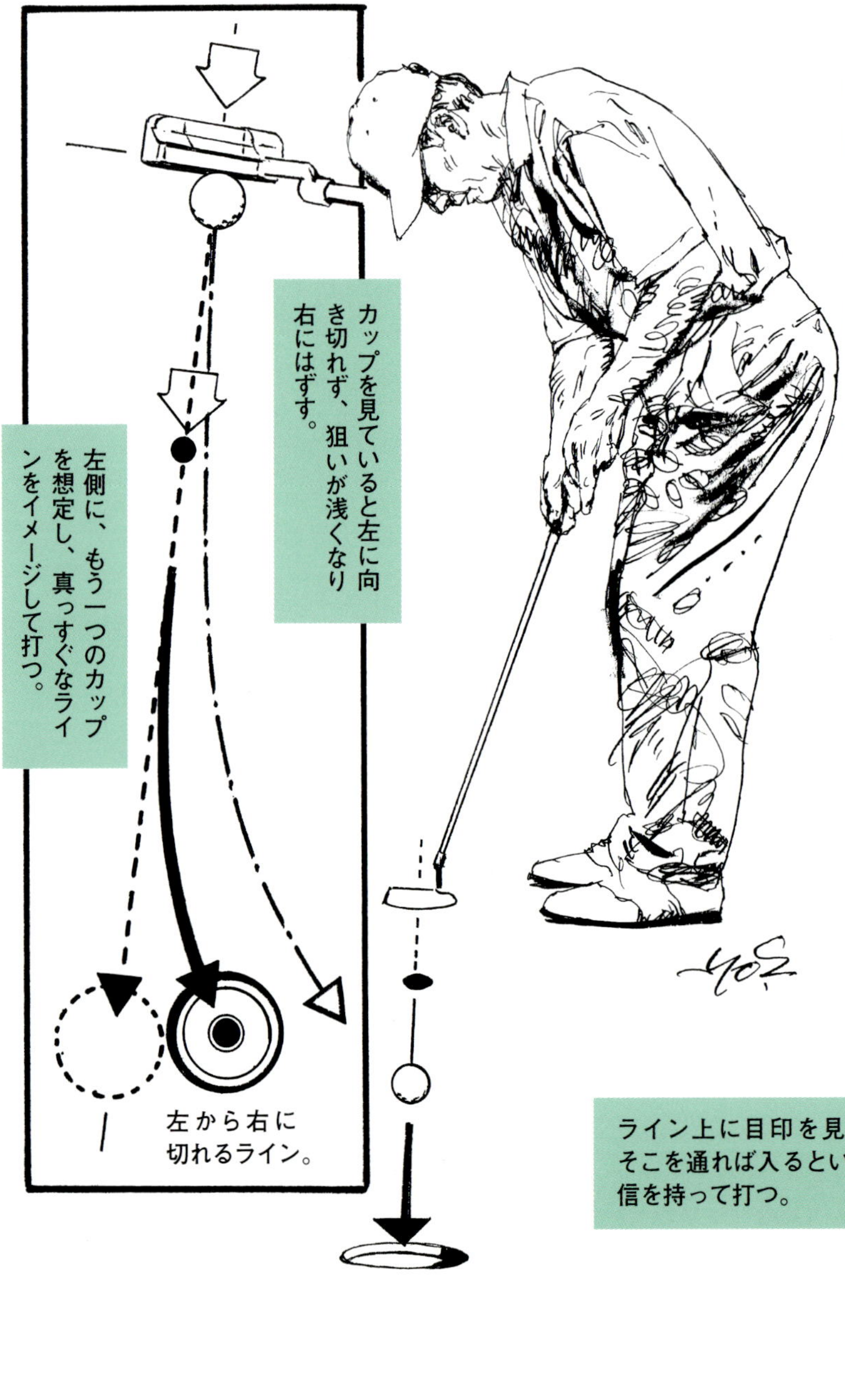

カップを見ていると左に向き切れず、狙いが浅くなり右にはずす。
左側に、もう一つのカップを想定し、真っすぐなラインをイメージして打つ。
左から右に切れるライン。

ライン上に目印を見つけ、そこを通れば入るという自信を持って打つ。

ボールから30センチくらい先に何か目印になる物を見つけましょう。それくらい先なら顔を動かさなくても視界に入るので、ボールと目印を同時に見ることができます。

練習のときは結果をあまり気にしないで打てるので顔を残しておけるのですが、コースではカップのほうを早く見ようとして顔を上げるのが早くなりがちです。ふだんから目印を通して打つ練習をしておいて、コースでもそれを守るようにします。

とくに**ショートパットはライン上に何か目印を見つけたら、あとはそこをボールが通れば必ず入るのだ、と自分に言い聞かせて打ちます**。そうすれば体が動かなくなるのでしっかりヒットできます。

左右どちらかに切れる（曲がる）パットのときも、ラインを読んだら、やはり30センチくらい先のライン上に目印をつけておいて、その上を通して打ちます。たとえば左から右に切れるラインであれば、もちろんカップの左側に打ち出します。

ところがカップを見ていると、左に向き切れずに狙いが浅くなりがちです。そのためカップの下（右）にはずしやすいので、左側にもう一つのカップを想定し、そこへ真っすぐなラインをイメージして打つわけです。これは右から左に切れるラインのときも同じです。

初めから30センチ先の目印を見て、そこに集中して打ってみるのもよいでしょう。このほうがボールを見て打つよりプレッシャーがかからないので、手がスムーズに動いてヘッドも出ていきます。

監修／金井清一（かない　せいいち）
1940年、新潟県生まれ。1965年、サラリーマンからゴルファーに転向した異色プロ。日本プロ、日本シニアプロを制覇。現在もシニアツアーで活躍中。一方でレッスンやテレビ解説をこなし、教え上手との評判が高い。NHKゴルフ全国中継の解説者として知名度も高く、洒脱で飽きさせない解説ぶりが人気である。

菅野徳雄（かんの　のりお）
1938年、岩手県生まれ。1964年からゴルフ雑誌の編集にたずさわり、多くのトッププレーヤーの技術を取材してきた。わかりやすい技術論と辛口の評論で知られ、著書に『ゴルフ・トッププロのここを学べ』『ゴルフスウィングの決め手』『即習ゴルフ上達塾』などがある。現在、日本ゴルフジャーナリスト協会副会長。

誰も教えなかった ゴルフ独習術「基本篇」

スーパー

平成14年9月1日　第1刷発行
平成15年5月1日　第2刷発行

著　者／菅野徳雄
発行者／村松邦彦
発行所／株式会社主婦の友社
郵便番号101-8911
東京都千代田区神田駿河台2-9
電話　03-5280-7537（編集）
電話　03-5280-7551（販売）
印刷所／図書印刷株式会社

もし落丁、乱丁、その他不良の品がありましたら、おとりかえいたします。お買い求めの書店か、主婦の友社資材刊行課（☎03-5280-7590）へお申し出ください。

 ISBN4-07-233968-7